www.ingramcontent.com/pod-product-compliance
Lightning Source LLC
Chambersburg PA
CBHW070410200726
48294CB00003B/1149

* 9 7 8 1 8 0 5 4 5 0 0 3 0 *

میرا شہر میرے لوگ

متحدہ ضلع نظام آباد کی

مذہبی، علمی، ادبی، تعلیمی و سیاسی شخصیات

مصنف / مرتب :

مجید عارف نظام آبادی

MERA SHAHAR MERE LOG

(prominent Personalities of Nizamabad District)

Author: Majeed Aarif Nizamabadi
Publisher: Farha Sadia, Hyderabad, India.
Printer: Taemeer Publications, Hyderabad.

ISBN 978-1-80545-003-0

کتاب : **میرا شہر میرے لوگ**
(متحدہ ضلع نظام آباد کی مذہبی، علمی، ادبی، تعلیمی و سیاسی شخصیات)

مصنف / مرتب : **مجید عارف نظام آبادی**

ناشر : فرح سعدیہ (حیدرآباد، انڈیا)

صنف : تحقیق

تزئین / اہتمام : تعمیر ویب ڈیولپمنٹ ، حیدرآباد

تدوین / تہذیب : مکرم نیاز

سالِ اشاعت (اول) : ۲۰۲۲ء

تعداد : (پرنٹ آن ڈیمانڈ)

صفحات : ۱۰۴

طابع : تعمیر پبلی کیشنز، حیدرآباد - ۲۴

سرورق ڈیزائن : پرویز احمد یعقوبی، کامٹی (ضلع ناگپور)
[Mob.: +919595559073]

ملنے کے پتے : ہدیٰ بک ڈپو، چھتہ بازار، حیدرآباد
نیشنل بک ڈپو، احمدی بازار، نظام آباد

انتساب

میرے گلشنِ حیات کے دو پھول

*** عمر فاروق**

*** جویریہ فاطمہ**

کے نام

خالقِ برتر سے عجز و انکساری کے ساتھ دعا گو ہوں کہ

انہیں دنیا و آخرت میں کامرانی عطا فرمائے

آمین

سوانحی خاکہ

نام	: محمد عبدالمجید
قلمی نام	: مجید عارف نظام آبادی
والد	: جناب محمد عبدالحکیم (مرحوم)(موظف ڈسٹرکٹ ٹریژری آفیسر)
تاریخ پیدائش	: یکم رجون ۱۹۷۰ء (نظام آباد، تلنگانہ)
تعلیمی لیاقت	: بی۔اے (عثمانیہ)۔ڈپلومہ ان جرنلزم۔
ملازمت	: اسسٹنٹ منیجر (الفیصل میڈیکل اکیوپمنٹس کمپنی، ریاض، سعودی عرب)
تصنیف (شائع شدہ)	: خرافاتِ قلم (مزاحیہ مضامین کا مجموعہ)
تصنیف (زیر طبع)	: لفظوں کی خوشبو (منتخب افسانوں کا مجموعہ)
انٹرنیٹ پر فروغ اردو	: سی۔ای۔او مائی نظام آباد ویب سائٹ [www.mynizamabad.com]
رہائش	: ہاشمی کالونی، نظام آباد۔ تلنگانہ - 503001
رابطہ	: ای-میل؛ majeedaarif@gmail.com موبائل؛ 00966577484357 / 00918096961731

فہرست

میں اپنے خواب سے کٹ کر جیوں تو میرا خدا
اجاڑ دے مری مٹی کو در بدر کر دے
مری زمین مرا آخری حوالہ ہے
سو میں رہوں نہ رہوں اس کو بارور کر دے

(افتخار عارف)

پیش لفظ

مجید عارف نظام آبادی

مجھے فخر ہے کہ میں نظام آبادی ہوں۔ اس شہر کی فضا میں پلا بڑھا اور تعلیمی مراحل طئے کیے۔ رحیم و شفیق والدین کے فیض پرورش، اساتذہ کی تربیت نے دنیا اور اس کے طور طریقوں کو سمجھنے اور انہیں برتنے کا سلیقہ سکھایا۔

مجھے اعتراف ہے کہ نظام آباد شہر نے مجھے دنیائے ادب میں ایک پہچان دی۔ ایک ادیب، مزاح نگار، صحافی کے طور پر میری نگارشات کو شرف قبولیت بخشا۔ اسی سرزمین سے میں نے اپنے ادبی سفر کا آغاز کیا تھا۔ اسی شہر نے میرے نام کو منفرد مقام و شناخت عطا کی ہے۔ اسی شہر نے مجھے اچھے دوست دیئے، اسی شہر کے سیاسی، سماجی، مذہبی تنظیموں سے وابستہ شخصیات نے میری کاوشوں کو سراہا اپنے خلوص و چاہت سے جلا بخشی۔ اسی شہر کا میں ہمیشہ مشکور رہوں گا جس نے میرے قدموں کو گمراہی کے اندھیروں سے بچا کر صراط مستقیم پر استقامت عطا کی اور اسلامی تعلیمات کی روشنی سے میرے قلب کو منور کیا۔ میں اپنے شہر اور یہاں کے لوگوں کی بے انتہا محبت، خلوص اور اپنائیت کو کبھی فراموش نہیں کر سکتا جس کے باعث آج میں کسی قابل بنا ہوں۔

ویسے تو نظام آباد کی تاریخ، تہذیب و تمدن پر دقیق مواد موجود ہے۔ تاہم نظام آباد کی تاریخی عمارتوں، تعمیرات، معروف مقامات، شخصیات کو عصری حسیت سے آراستہ کرنے "میرا شہر

میرے لوگ" نامی ویب سائیٹ کا سال (۲۰۱۵ء) میں میری جانب سے آغاز عمل میں لایا گیا۔ مقصد یہی تھا کہ نظام آباد شہر، ضلع کے تاریخی مقامات، مختلف شعبوں میں کارہائے نمایاں انجام دینے والی معروف شخصیات، مذہبی رہنما، سیاسی قائدین، سماجی کارکن، ادبی شخصیتوں، صحافیوں و نیز زندگی کے تمام شعبوں سے وابستہ افراد کے کارناموں، ان کی زندگی سے جڑے واقعات کو عصری تقاضوں سے ہم آہنگ کرتے ہوئے آنے والی نسل کیلئے مستند مواد فراہم کر سکوں۔

میری اس جہت میں متعدد احباب نے اپنا قلمی تعاون دیا ہے اور میری کاوشوں کو سراہا ہے۔ میں ان تمام کا فرداً فرداً شکر گزار ہوں۔

خصوصاً سراپا سپاس ہوں سید مکرم نیاز صاحب کا جن کی خصوصی دلچسپی کی وجہ سے کتاب کی اشاعت عمل میں آئی ہے۔ میں احمد پریمی صاحب، مقیت فاروقی صاحب، ڈاکٹر اسلم فاروقی صاحب اور ڈاکٹر عبدالعزیز سہیل کا مشکور ہوں، جنہوں نے مفید مشوروں سے نوازا اور میری حوصلہ افزائی کی۔

"میرا شہر، میرے لوگ" متحدہ ضلع نظام آباد کی اہم شخصیات سیریز: ا کی اشاعت اسی حصہ کی کڑی ہے۔

میں اپنی اس کوشش میں کہاں تک کامیاب ہوں، کتاب کے مطالعے کے بعد آپ کی زریں آراء پر منحصر ہو گا۔

مجید عارف نظام آبادی

۱۰/نومبر ۲۰۲۲ء

نظام آباد (تلنگانہ، انڈیا)

مقدمہ

ایم۔اے۔مقیت فاروقی

حیدرآباد فرخندہ بنیاد کے بعد نظام آباد تاریخی، ثقافتی تہذیب، اردو ادب کی ترقی وترویج کا اہم مرکز مانا جاتا ہے۔ یہاں کی سرزمین پر ملک کے نامور شعرانے مشاعرے پڑھ کر اس کی عظمت، رفعت کو جلا بخشی وہیں اس سرزمین کے کئی ادبا شعراء نے اردو کی خدمت کے ذریعے اپنی منفرد پہچان بنائی ہے۔ ضلع نظام آباد جغرافیائی اعتبار سے تاریخی عمارتوں، پراجکٹوں اور قدرتی وسائل سے مالا مال ہے۔ نظام ساگر پراجکٹ، پوچم پاڈ، علی ساگر، کولاس نالہ، نظام شوگر فیکٹری، کتب خانہ عثمانیہ، قلعہ کی تعمیرات اپنے عہد کی منہ بولتی تصویر ہیں۔ دوسری طرف سیاسی، سماجی مذہبی، ادبی، دوسرے شعبوں میں اپنی بے لوث خدمات انجام دینے والی شخصیات، علماء، اکابرین، زعماء کی ایک طویل فہرست ہے جنہوں نے اپنی فراست وذہانت، علم وآگہی کے چراغ جلاکر قوم وملت کی ہر مقام پر رہنمائی کی ہے۔ ایسی معروف شخصیتوں میں چند دار فانی سے کوچ کر مالک حقیقی سے جاملے۔ اللہ سبحانہ تعالیٰ ان کی خدمات کو شرف قبولیت عطا فرمائے اور ان کی مغفرت کے فیصلے فرماکر قبروں کو منور فرمائے آمین۔

نظام آباد متحدہ ضلع کی معروف شخصیات سیریز: ا کے عنوان سے جناب مجید عارف نظام آبادی کی تالیف کردہ کتاب درحقیقت موصوف کی اپنے وطن اور یہاں بسنے والوں سے بے پناہ محبت کا بین ثبوت ہے وہیں اردو زبان کو عصری تقاضوں سے ہم آہنگ کرتے ہوئے نظام آباد کی تاریخی، ادبی، سماجی احوال کو انٹرنیٹ کی دنیا میں پیش کرنے کی خاطر "میرا شہر، میرے لوگ" کے عنوان سے ویب سائیٹ کا آغاز عمل میں لایا ہے، جس کا مقصد نئی نسل کو نظام آباد کی تاریخ، تہذیب وتمدن، مختلف شعبوں میں کارہائے نمایاں انجام دینے والی شخصیتوں کے حالات

سے واقف کروانا ہے۔

جناب مجید عارف کو میں اس وقت سے جانتا ہوں جبکہ وہ طالب علمی کے دور میں اپنی اصلاحی تحریروں، افسانوں کے ذریعے ملک کے موقر رسالوں میں شائع ہوتے رہے ہیں، جبکہ میں اس میدان میں نو وارد تھا۔ مجید عارف نے "میرا شہر، میرے لوگ" کتاب کے ذریعے متحدہ ضلع نظام آباد کی اہم سیاسی، سماجی مذہبی، ادبی شخصیتوں کے مکمل تعارف اور خدمات کو پہلی سیریز میں پیش کرتے ہوئے انہیں زبردست خراج پیش کیا ہے جنہوں نے زندگی کے رہگزر میں سنگلاخ راستوں پر چلتے ہوئے اپنے انمٹ نقوش چھوڑے ہیں۔ مجید عارف نے نسل نو کیلئے ایک عصری حسیت سے آراستہ نادر مواد فراہم کیا ہے جس کی رسائی آنے والی نسلوں تک ممکن ہوگی۔

جناب مجید عارف نے ایک فطری قلمکار کے طور اپنی صلاحیتوں، اسلامی دعوتی ذہن و فکر اور سماج پر گہری نظر کے باعث معاشرتی، سماجی برائیوں، نوجوانوں میں بے راہ روی پر نہ صرف قلم اٹھایا ہے بلکہ اس کی بیخ کنی بھی کی ہے۔ افسانہ نگار، مزاح نگار، صحافی کے طور ان کا قلم محتاج تعارف نہیں ہے۔ تلاش معاش کی خاطر دیار غیر میں مقیم رہ کر بھی وہ اپنے شہر اور یہاں کے لوگوں سے جڑے ہوئے ہیں۔ نظام آباد اور یہاں کے لوگوں سے ان کی محبت، اپنائیت کا بین ثبوت ہے کہ زبان اردو کی خدمت کے ساتھ ساتھ اسے عصری تقاضوں سے ہم آہنگ کرنے "میرا شہر، میرے لوگ" متحدہ ضلع نظام آباد کی اہم شخصیات سیریز- ا کی اشاعت عمل میں لائی ہے۔ مجید عارف نظام آبادی کی نذر شعر۔

جہاں رہے گا وہیں روشنی لٹائے گا
کسی چراغ کا اپنا مکان نہیں ہوتا

امید کرتا ہوں کہ مجید عارف نظام آبادی کی اس کاوش کو اردو دنیا کے ادبی، سماجی، مذہبی الغرض زندگی کے تمام شعبوں، حلقوں میں خوب پذیرائی حاصل ہوگی۔ میری تمام تر نیک خواہشات ان کے ساتھ وابستہ ہیں۔

☆☆☆

کچھ مصنف کے بارے میں

اردو کا سپاہی: مجید عارف نظام آبادی

ڈاکٹر محمد اسلم فاروقی
(صدر شعبۂ اردو، این ٹی آر ڈگری کالج، محبوب نگر)

مجید عارف نظام آباد سے تعلق رکھنے والے ایک نوجوان افسانہ نگار، بچوں کے ادیب، صحافی ہیں۔ ان کا اصلی نام محمد عبدالمجید اور قلمی نام مجید عارف ہے۔ والد کا نام محمد عبدالحکیم صاحب ہے۔ ابتدائی تعلیم و تربیت نظام آباد میں ہوئی ۔ عثمانیہ یونیورسٹی سے بی اے کیا۔ پھر ڈپلوما ان جرنلزم اور ڈپلوما ان نیورو فزیولوجی کیا۔ ملازمت کے سلسلے میں ان دنوں سعودی عرب میں مقیم ہیں۔ مجید عارف کو بچپن ہی سے اردو زبان سے لگاؤ رہا۔ انہوں نے نہ صرف بچوں کے رسائل نور وغیرہ میں کہانیاں لکھیں بلکہ بچوں کے ادب کے فروغ کے لیے کوشش کرتے رہے۔ نظام آباد میں سوپر گرافکس اینڈ پرنٹرس کے نام سے اردو کمپوزنگ کا کام شروع کیا۔ انہوں نے قیام نظام آباد کے دوران نزد جونیر کالج محلہ قلعہ میں علامہ اقبال لائبریری ہال کا قیام عمل میں لایا۔ نظام آباد میں فروغ اردو سرگرمیوں کے ضمن میں ڈاکٹر عبدالعزیز سہیل مجید عارف کی خدمات کا تعارف پیش کرتے ہوئے لکھتے ہیں:

بچوں کے ادب کو فروغ دینے میں وہ کس طرح سنجیدہ ہیں اس کی ایک مثال اس حوالے سے دی جاسکتی ہے۔ "مجھے اچھی طرح یاد ہے اب سے تقریباً بیس سال قبل میں نے نظام آباد سے بچوں کے رسالہ غازی اور ماہنامہ التوحید کا آغاز کیا تو اس سلسلہ میں اردو ڈی ٹی پی کا کام

نظام آباد میں مجید عارف کی سوپر گرافکس پر انجام دیا جاتا تھا۔ لیکن اس کام کے لئے وہ ہم سے کوئی معاوضہ نہیں لیتے تھے اور ساتھ ہی ہماری ہمت افزائی بھی کیا کرتے تھے۔اس وقت اخبارات، ورقیہ، شادی کے کارڈ کا بہت زیادہ کام ہوتا تھا لیکن وہ ان سب کاموں سے پہلے بچوں کے رسالہ کو اہمیت دیتے تھے، جس کے لئے میں آج بھی ان کا شکر گزار ہوں اور خدا بزرگ سے دعا گو ہوں کہ اللہ رب العزت ان کے رزق میں برکت دے اور ان کو صحت و تندرستی کے ساتھ سلامت رکھے۔ آمین" (ڈاکٹر محمد عبدلعزیز سہیل۔ برقی مضمون۔ اردو ویب سائٹ "مائی نظام آباد" ایک تعارف مدیر مجید عارف نظام آبادی۔ مشمولہ: جہان اردو ویب سائٹ)

مجید عارف کو ادب و صحافت سے دلچسپی رہی ہے اور دیار غیر میں بھی رہ کر وہ اردو زبان کے فروغ کی کوشش کرتے رہتے ہیں اس سلسلے میں کچھ برس قبل انہوں نے "مائی نظام آباد" www.mynizamabad.com کے نام سے ایک اردو ویب سائٹ شروع کی ہے۔ جس میں شہر نظام آباد کی تاریخ، جغرافیہ، نظام آباد کے ادیبوں اور شعرا کا تعارف، نظام آباد سے تحقیق و تنقید، شعر و شاعری، افسانہ نگاری و دیگر اصناف کے فروغ کی تفصیلات اور نظام آباد سے متعلق دیگر اہم مواد کو کامیابی سے پیش کیا جا رہا ہے۔ یہ ویب سائٹ دیگر اضلاع کے لیے بھی ایک مثال ہے کہ اس طرح کی کوشش سے ضلعی سطح پر فروغ اردو کی سرگرمیوں کو انٹرنیٹ پر محفوظ کیا جا سکتا ہے۔ اب اکیسویں صدی انٹرنیٹ اور مواصلات کی صدی ہے، اب کتاب کا تصور بدل گیا ہے لوگ انٹرنیٹ پر ہر قسم کی معلومات حاصل کرنا چاہتے ہیں کتاب تو ختم ہو سکتی ہے یا سب کو دستیاب نہیں ہو سکتی لیکن انٹرنیٹ پر ہر کسی کو انگلی کے ایک اشارے سے گوگل سرچ سے ہر قسم کی معلومات مل سکتی ہیں۔ ڈاکٹر محمد عبدالعزیز، مجید عارف کی اس ویب سائٹ کا تعارف کراتے ہوئے لکھتے ہیں:

"خاص معلومات، واقعات، اطلاعات وغیرہ تحریری اور ملٹی میڈیا کے توسط سے پیش کی جا رہی ہیں۔ مختلف شعبہ حیات سے تعلق رکھنے والی شخصیات اور ادارہ جات کا بھی مکمل

تعارف شائع کیا جا رہا ہے۔اس ویب سائٹ کی سرخیاں کچھ اس طرح سے دکھائی دیں گی سرورق، نظام آباد، تاریخی مقامات، ادارے، مذہبی مقامات، شخصیات، شعر وادب، متفرقات، نیوز اپ ڈیٹ۔ قارئین رناظرین جس طرح سے ایک ایک سرخی کو کلک کریں گے مزید ذیلی موضوعات کے تحت معلومات ان کے اسکرین پر نظر آئیں گی۔ سرورق پر نظام آباد کے عنوان پر کلک کرنے سے نظام آباد کا جغرافیہ، نظام آباد کی تاریخ، نظام آباد کا نقشہ نظر آئے گا جس میں نظام آباد کا جغرافیہ اور نظام آباد کی مختصر تاریخ کو پیش کیا گیا ہے۔ نظام آباد کے تاریخی مقامات کے عنوان کے تحت ڈچپلی مندر، نظام ساگر ڈیم، قلعہ نظام آباد کی تفصیلات فراہم کی گئی ہیں اس سے متعلق ایک تفصیلی مضمون ڈاکٹر عبدالقدیر مقدر کا شامل ہے۔ادارے عنوان کے تحت ذیلی عنوانات سرکاری ادارے، تعلیمی ادارے، سماجی ادارے، مسلم پیامات ادارے کے تحت ضلع سے تعلق رکھنے والے سرکاری خانگی اداروں کی تفصیلات فراہم کی گئی ہیں۔اس ویب سائٹ پر ایک مذہبی مقامات کی سرخی کے تحت مساجد، درگاہیں، منادر، چرچ، گوردوارے اور دیگر مذہبی مقامات سے متعلق معلومات شامل کی گئی ہیں۔ شخصیات کی سرخی کے تحت مذہبی، سماجی، سیاسی، شاعر، نثر نگار، صحافیوں کی تفصیلات دی گئی ہے۔ شعر وادب کی سرخی کے تحت ضلع سے تعلق رکھنے والے شعراء وادباء کی تخلیقات کو شامل کیا گیا ہے۔ متفرقات عنوان کے تحت سماجی تقریبات، اعلانات، اطلاعات، مفید رابطہ کی لنک کے تحت معلومات فراہم کی گئی ہے، آخر میں نیوز اپ ڈیٹ کی سرخی بھی دی گئی ہے تاکہ ویب سائٹ کا مشاہدہ اور مطالعہ کرنے والوں کو نئی اشاعتوں کی معلومات فوری طور پر حاصل ہو جائے۔ اس سائٹ پر اشتہارات کے لئے بھی جگہ فراہم کی گئی ہے تاکہ اشتہار کے تحت لوگ اپنے کاروبا کی تشہیر میں اس ویب سائٹ کا بھرپور استعمال کریں۔"

(ڈاکٹر محمد عبدالعزیز سہیل: برقی مضمون۔ اردو ویب سائٹ "مائی نظام آباد" ایک تعارف مدیر مجید عارف نظام آبادی۔ مشمولہ۔ جہان اردو ویب سائٹ)

مجید عارف کی ان سرگرمیوں کے علاوہ ان کا محبوب مشغلہ افسانہ نگاری رہا ہے۔ بچوں کے رسالہ 'نور' میں ان کی کہانیاں پابندی سے شائع ہوتی رہیں۔ ان کی کہانی "خوشبو کا درد" (۱۹۸۴) کو رسالہ نور نے تیسرے انعام سے سرفراز کیا تھا۔ اسی طرح ماہنامہ تہذیب کراچی پاکستان کے زیر اہتمام ہند و پاک افسانوی مقابلہ (۱۹۸۶) میں مجید عارف کے افسانہ "دھوپ ملی سائبان سے پہلے" کو تیسرا انعام دیا گیا۔ ان کی کہانی "رشتوں کی پیاس" (۱۹۸۹) کو ماہنامہ نور کے انعامی مقابلے میں دوسرا انعام دیا گیا۔ ان کے افسانہ "اجلے آئینے میلے عکس" کو پرائم منسٹر ایوارڈ دیا گیا۔ اور ۱۹۹۰ء میں اس کا ہندی زبان میں ترجمہ بھی ہوا۔ افسانہ "برف کے پھول" (۱۹۹۱) کو ڈاکٹر شمس الدین میموریل ایوارڈ دیا گیا۔ بی بی سی لندن ریڈیو سے ان کے ڈرامہ "فرشتہ" کو ۱۹۸۷ء میں انعام اول دیا گیا۔ ان سرگرمیوں سے مجید عارف کی اردو دلچسپی عیاں ہوتی ہے۔ ۲۰۰۲ء میں انہیں سرکاری زبان کمیشن حکومت آندھرا پردیش کی جانب سے ایوارڈ دیا گیا۔ نظام آباد سے شائع ہونے والے ادبی رسالہ "گونج" کے افسانہ نمبر شمارہ اگست ۲۰۰۲ء کے وہ مہمان مدیر رہے۔ روزنامہ رہنمائے دکن میں "آفتاب نو" کے عنوان سے ۱۹۸۴ء میں مجید عارف کے انٹرویو کی اشاعت عمل میں آئی۔ روزنامہ منصف کے مزاحیہ مضمون نویسی مقابلے منعقدہ ۱۹۸۵ء میں ان کے مضمون "ہائے رے قلم" کو ترغیبی انعام دیا گیا۔ مجید عارف کے افسانے اردو کے اہم رسائل میں شائع ہوتے رہے۔ ان کا ایک افسانوی مجموعہ "لفظوں کی خوشبو" زیر اشاعت ہے۔ مجید عارف کا ایک افسانہ "پہچان کا دکھ" ہے۔ اس افسانے میں ہر زمانے میں عورت کے درد کو افسانہ نگار نے جذباتی انداز میں اجاگر کیا ہے۔

عورت کی خود کلامی اس افسانے کی خوبی ہے ملاحظہ ہو افسانہ "پہچان کا دکھ" کا ایک اقتباس:

" میں ایک لڑکی ہوں۔۔۔ مجھے عورت بھی کہا جاتا ہے۔۔۔ قدرت نے مجھے وفاداری، ایثار و قربانی عطا کرنے میں بڑی فیاضی کا مظاہرہ کیا ہے۔ میں نے ماں بن کر اپنے جگر کے ٹکڑوں کی آبیاری میں اپنی راتوں کی نیند اور دن کا چین قربان کیا تو ایک بیٹی کے ناتے اپنے

والدین کی دلجوئی کے لیے ہمیشہ سر تسلیم خم کیا، ایک بہن کے ناتے اپنے حصے کی خوشیاں، بخوشی اپنے بھائی کے قدموں میں رکھ دیں تو ایک بیوی بن کر جذبۂ ایثار کے کئی رنگ اپنائے۔ میں نے ازل سے اپنی خواہشوں کو صرف ایثار کا درجہ دے کر اپنی عظمت کی معراج کو پایا ہے۔ میرا وجود محبت کی جیتی جاگتی نشانی ہے۔ آج جب اپنے بارے میں سوچتی ہوں تو دل سے ایک ہوک سی اٹھتی ہے۔ حضرت انساں نے ترقی کے نام پر مجھے ذلت ورسوائی کے سوا کچھ بھی نہ دیا.... صابن سے لے کر شیونگ کریم کے اشتہار تک میری عریانیت کو اس انداز میں پیش کیا گیا کہ میری شرافت وحیاء کی قبا تار تار ہوگئی ہے۔ میرے وجود کو صرف سیر و تفریح کا ذریعہ تصور کیا گیا ہے۔ جب کہ دنیا کے سبھی دانشوروں کا کہنا ہے کہ کہ انقلابی فکر عطا کرنے والی میں پہلی درسگاہ ہوں۔

دکھ اور تکلیف کے احساس سے میرا دل اس وقت خون کے آنسو رونے لگتا ہے جب رشتہ کے سلسلہ میں مجھے دیکھنے کے لئے آنے والے مجھے اس انداز سے ٹٹولتے ہیں جیسے میں کوئی عورت نہیں گائے یا بکری ہوں۔ درد ورنج کی ایک ٹیس میرے دل و دماغ کو چیرتی رہتی ہے۔ ایک عورت دوسری عورت کے درد کو نہ سمجھ سکی؟ میری ماں ساس کی شکل میں میرا سینہ چھلنی کرے.... میری بہن نند کے روپ میں مجھے طعنے دے.........

انسان وقت کے بے رحم ہاتھ کے مذاق کو سہہ سکتا ہے .... لیکن جب میرے احساسات کی امین میرے وجود کا حصہ میری ماں اور میری بہنیں سے اس قسم کا مذاق کریں تو بھلا آپ ہی بتایئے مجھے پھر کون تسلیم کرے گا؟؟

چودہ سو سال قبل جہالت وتاریکی کے مہیب سائے میں مجھے زندہ درگور کیا جاتا تھا۔ میری عظمت واہمیت کو تسلیم کرتے ہوئے مجھے میرا مستحقہ مقام دیا گیا۔ آسمانی صحیفہ نے میرے حساس دل کے کئی پہلوؤں کو اجاگر کرتے ہوئے مجھے مقدس مقام پر فائز کیا۔ جس کی میں ازل سے ہی حقدار تھی.......

آج کے اس ترقی یافتہ دور میں بھی جہاں دنیا سمٹ کر ایک کوزے میں سما چکی ہے۔ کمپیوٹر نے

ترقی کی راہ میں نئے باب کا اضافہ کیا ہے۔ سوچ و فکر کو نئی تازگی عطا ہوئی ہے۔ آج بھی مجھے اولاد نرینہ کی خاطر عالم وجود میں آنے سے قبل ہی بڑی حقارت سے ختم کر دیا جاتا ہے۔ رات کی سیاہ تاریکی میں مٹی کا تیل میری قسمت کا فیصلہ کرتا ہے تو کہیں جہیز کے لئے مجھے زندہ درگور کیا جاتا ہے۔... کتنی ہی بہنیں ہیں جو اپنے بالوں میں سفیدی کی چاندی لئے اپنے مجازی خدا کے انتظار میں اپنی شادابی کھو رہی ہیں..... صرف اس لئے کہ ان کے ہاں "حقیقی چاندی" نہیں ہے۔

میری خوبصورتی و نزاکت کی شاعروں نے چاند سے تشبیہ دی ہے۔ رات کی سیاہ تاریکی میں چاند جب اشرف المخلوقات کا درجہ رکھنے والے جانوروں کے کرتوت دیکھتا ہے تو..... حساس چاند بادلوں کے اوٹ میں چھپ نہیں جاتا بلکہ احساسِ ندامت سے اپنا چہرہ چھپالیتا ہے۔

کبھی سوچا آپ نے.....(مجید عارف۔ مشمولہ گونج۔ افسانہ نمبر)

مجید عارف کے یہ اور دیگر افسانے اپنی پیشکش اور موضوعات کی ندرت کے سبب مقبول ہوئے۔ اردو کے اہم ادیبوں اور نقادوں نے مجید عارف کے فن پر اظہار خیال کیا ہے۔

"سماج اور اس کے مسائل پر آپ کی گہری نظر ہے۔ یہ ایک بہترین افسانہ نگار کی علامت ہے۔ آپ کا قلم معاشرہ کی دکھتی رگ پر نشتر کا کام کرتا ہے۔(ڈاکٹر احتشام الحق۔ مدیر ماہنامہ "تہذیب کراچی)

"لکھنے کا سلسلہ جاری رکھئے۔ مستقبل میں آپ ایک کامیاب افسانہ نگار کہلائیں گے۔ (ابو سلیم محمد عبدالحی مرحوم۔ مدیر ماہنامہ۔ الحسنات۔ بتول۔ نور۔ ہلال)

"بچوں کے لیے لکھنا ایک انتہائی مشکل امر ہے۔ ماہنامہ "کھلونا" کے لیے آپ کی کہانیاں بچوں کے لیے کسی دلچسپ کھلونے سے کم نہیں۔(ادریس دہلوی۔ مدیر ماہنامہ "کھلونا")

"سادہ و عام فہم الفاظ کا استعمال آپ کے افسانوں کی خوبی ہے۔ اور یہی خوبی قارئین کو پڑھنے کے لیے مجبور کرتی ہے۔(سعدیہ دہلوی۔ مدیر "بانو" ماہنامہ)

" آپ کے مزاحیہ مضمون "ہائے رے قلم" کو ترغیبی انعام سے نوازا گیا ہے۔ جس

کی رائے کے مطابق آپ کے قلم میں ایک کامیاب مزاح نگار کے جراثیم چھپے ہوئے ہیں"۔(محمود انصاری سابق مدیر روزنامہ منصف حیدرآباد)

" عنوانات کی طرح آپ کی کہانیوں کا کلائمکس بھی بڑا خوبصورت ہوتا ہے۔ماہنامہ 'نور' اور 'بتول' کے لیے گراں قدر تعاون پر ادارہ آپ کا مشکور ہے"۔(مرتضیٰ ساحل تسلیمی۔ مدیر اعزازی ماہنامہ نور۔بتول۔الحسنات۔ ہلال)

" آپ کا افسانہ 'برف کے پھول' ڈاکٹر شمس الدین ایوارڈ کے لیے منتخب کیا گیا ہے۔ آپ نے اپنے افسانے میں اس سچائی کو پیش کیا ہے کہ زندگی بھی ایک برف کے ٹکڑے کی طرح ہے جو آہستہ آہستہ پگھل رہی ہے۔(وقار احمد صدیقی۔ ڈائرکٹر شمس الدین میموریل سوسائٹی ممبئی)

" معاشرتی مسائل کو پیش کرنے میں آپ کو ملکہ حاصل ہے۔ اللہ تعالیٰ سے دعا ہے کہ آپ کا قلم مزید ترقی کرے"۔(مائل خیر آبادی۔ مدیر ماہنامہ "حجاب"۔)

(بہ حوالہ رسالہ نور۔رامپور)

مجید عارف کے فن کے بارے میں ماہرین ادب کی آراء سے پتہ چلتا ہے کہ انہیں نثر کی مختلف اصناف میں اظہار خیال پر عبور ہے۔ مجید عارف کے افسانے اپنے عہد کی آواز ہیں۔ اور ان میں ایک ہمدرد مصلح قوم کی طرح اصلاح کا پیغام عام ہے۔ امید ہے کہ مجید عارف اپنی ویب سائٹ مائی نظام آباد کے ذریعے فروغ اردو کا اہم کام انجام دیتے رہیں گے۔

☆☆☆

مولوی محمد عبد الغفار مرحوم

اب انہیں ڈھونڈ چراغِ رخِ زیبا لیکر

سید نجیب علی

مولوی محمد عبدالغفاصاحب مرحوم وضع دار، منکسر المزاج، متواضع، توحید کی علمبر دار، ایک داعی، پر عزم بلند مقاصد کے حصول کے لئے اور اقامت دین کی سرگرمیوں میں پوری تن دہی کے ساتھ یقین محکم عمل پیہم کی حامل ہمہ پہلو شخصیت کی حیثیت سے دینی حلقوں میں اپنی ایک منفرد شناخت رکھتے تھے۔ سن شعور کی ابتداء ہی سے شخصی طور پر مجھے انہیں دیکھنے کا موقع ملا اور تقریباً ۲۰ سال تک مجھے وقتاً فوقتاً ان کی صحبت علمی سے فیضاب ہونے کا بھی موقع ملا۔

مجھے تحریک اسلامی سے اب بھی لگاؤ ہے اگرچیکہ میں تحریک سے فعال طور پر اجتماعی حیثیت سے جڑا ہوا نہیں ہوں لیکن یہ بھی حقیقت ہے کہ اس اجتماعیت کے طفیل مجھے شعور حاصل ہوا ہے۔ اور انہی بزرگوں کے علمی چشموں سے سیر اب ہونے کا بھی موقع ملا۔ بلاشبہ جماعت اسلامی کے ہر اول دستہ کے اولین شخصیات جنہوں نے اپنے سرمایہ زندگی کو اقامت دین کے ساتھ وابستہ کرتے ہوئے دوام زندگی کو اپنا منتہائے مقصود بنالیا تھا۔ اسلامی سربلندی اور اس کی اشاعت وترویج کیلئے ان کی سرگرمیاں سعی وجہد تحریک اسلامی کے البم کے وہ انموٹ نقوش ہیں جو ہمیشہ یاد رکھے جائیں گے۔

میرے والد مرحوم مولوی سید یعقوب علی صاحب جماعت اسلامی کے رکن تھے وہ ۴۸ برس کی عمر میں اس دار فانی سے کوچ کر گئے تھے مجھے اچھی طرح یاد ہے کہ میرے والد

مرحوم بچپن میں ہم بھائیوں کو لیکر جماعت اسلامی کے منعقد ہونیوالے تربیتی اجتماعات میں شریک ہوتے تھے ان اجتماعات کی یادوں کے دھندلے نقوش اب بھی ذہنوں میں ابھرتے ہیں آہ یہ کیسے لوگ تھے للّٰہیت کے جذبہ سے سرشار ہر شخص اپنے کاز اور مقصد و نصب العین کیلئے مخلص متحرک ایک دوسرے کیلئے بھرپور رفیق کار جماعت کے ذمہ داران جب آتے اجتماعات منعقد ہوتے نظم وضبط مختلف شعبوں میں کام کرنے والے ذمہ دار تحریک کے قائدین کے پر مغز بیداری قلب کا سامان کرنے اور عزائم کو سینوں میں رکھی چنگاریوں کو شعلہ جوالہ بنانے والے خطابات، طاغوت باطل قوتوں سے لوہا لینے کیلئے آمادہ کرنے والے افکار سے پر ان کے خیالات ایک فرد کو انفرادی طور پر تیار کرنے اور ایک معاشرے کی تشکیل کیلئے تیاری کرنے اور ایک تشکیل ریاست کو نصوص قرآن وحدیث پر تعمیر کرنے کے خواب کی عملی تعبیر کو شرمندہ کرنے کی تڑپ اور اُس کیلئے حتی المقدور سعی وجہد پر آمادہ کرتے تھے۔

مولوی عبد الغفارؒ صاحب مرحوم انہی بزرگ شخصیات میں سے ایک تھے جنہوں نے تن من دھن کے ساتھ اپنے محدود وسائل کے باوجود پوری تن دہی ذمہ داری متانت وسنجیدگی کے ساتھ جماعت اسلامی کی مفوضہ ذمہ داریوں کو پورا کیا، اُن کی نگاہ بلند تھی وہ سخن دلنواز اور جان پر سوز شخصیت تھے۔ جماعت اسلامی کے نصب العین اور اقامت دین کیلئے وہ انتہائی فعال ومتحرک انداز سے سرگرم عمل رہا کرتے تھے۔ وہ کوئی عالم دین نہیں تھے۔ انہوں نے کسی مدرسہ سے فراغت وسند حاصل نہیں تھی لیکن میں پورے شرح صدر کے ساتھ یہ کہہ سکتا ہوں کہ وہ عالم سے کم بھی نہیں تھے وہ اتنے تشنہ علم تھے کہ انہوں نے تفاسیر کی بڑی بڑی شرحیں پڑھ لی تھیں ابتداء ہی سے علم کا شوق تھا جز معاش سے وابستگی کے ساتھ ساتھ علم کے حصول کے شوق نے انہیں ایک بوسیدہ مسجد سے وابستہ کر دیا تھا۔ مسجد عثمانیہ رضا بیگ جہاں انہوں نے اپنی نوکری کے دوران عارضی قیام گاہ بنالیا تھا۔ اس مسجد سے ان کی وابستگی تادم حیات رہتی ہے پر انہیں بتداء میں تبلیغی جماعت سے وابستہ ہونے اور بعد ازاں جب تحریک

اسلامی سے واقف ہوئے تو اس عظیم ہمہ گیر انقلاب کے داعی کی حیثیت سے اس سے چمٹتے رہے وہ مجھ سے کہتے کہ میں نے اس وقت جب کہ آمدنی محدود ہوا کرتی تھی۔ اسلامی کتب خرید کر یا پھر مستعار لیکر پڑھا۔ نظام آباد میں واقع ایک قدیم کتب خانہ باپو جی واچنالیہ جہاں اب بھی علمی، ادبی و دینی سرمایہ کو دیمک چاٹ رہی ہے۔ مولوی عبدالغفار صاحب نے کہا کہ وہ پابندی سے وہاں جاتے اور مختلف موضوعات پر کتابوں کا مطالعہ کرتے سوشلزم، سیکولرزم، کمیونزم کی خرابیوں اوران نظاموں کوانسانیت کیلئے کارگر نہ ہونے اوراسلام کوایک نظام زندگی کے طور پر پیش کرنے کیلئے ان کے پاس دلائل تھے۔ کارل مارکس کے نظریات ڈارون کا انسانی تخلیقی طریقہ سے نشئے کے افکار کے مقابلہ میں اسلام کے برعکس ہر نظریہ حیات پر کاری ضرب لگانے کیلئے وہ علمی طور پر اسلامی نظریہ حیات کو پیش کرتے۔ قرآن وحدیث فقہ اسلامی، تاریخ پر ان کی گہری نظر تھی۔ مطالعہ ان کی روح کی غذا تھی۔ قرآن کی تفاسیر جلالین و کمالین، ابن کثیر، تدبر القرآن، معارف القرآن، فی ضلال القرآن، تفہیم القرآن کی ضخیم جلدیں ان کے مطالعہ کا معمول اوران کے مطالعہ کی میز پر ہمیشہ جمی رہتیں۔ اقبالیات، مثنوی مولانا روم، سعدی کی حکایات، اکبر آلہ آبادی کے اشعار انہیں ازبر تھے اور برجستہ اس کے حوالے دیا کرتے تھے۔ فن خطابات کے لئے پوری طرح تیاری کرتے۔ قرآن وحدیث، تاریخی واقعات، حقائق وحالات پر ان کی گہری نگاہ تھی۔ درس قرآن میں بیٹھنے والا شخص تسلسل کے ساتھ ان کے درس کو سنتا تھا۔ قرآن کی کسی آیت، حدیث یا سیرت صلی اللہ علیہ وسلم، سیرت صحابہ کا کوئی بھی حوالہ میں ان سے پوچھتا تو وہ آیت نمبر اور سورت کا حوالہ اگر حدیث ہو تو اس کی تفصیل اور سیرت کے کسی واقعہ کی حقیقت پر فوری وہ سیرت النبی کی جلدوں کے صفحات کے ساتھ حوالہ دیا کرتے تھے۔ معتبر اور مستند کتاب کا مطالعہ ان کا معمول تھا۔ اپنے ذاتی خرچ سے انہوں نے کتابیں خریدی تھیں۔ وہ علامہ اقبالؒ کو اس دور کا معاصر شاعر اسلام کا نقیب قرار دیتے تھے۔ جنہوں نے اپنے اشعار کو خون جگر سے سینچ کر ملت کی آبیاری کا سامان فراہم کیا۔ علامہ

اقبالؔ سے انہیں گہری عقیدت تھی۔ ابلیس کی مجلس شوریٰ کے علاوہ علامہ اقبالؔ کے تمام ادوار کے اشعار بشمول شکوہ جواب شکوہ انہیں ازبر تھے۔ وہ اکثر آئمہ مساجد کو یہ شعر سناتے تھے۔

گر صاحبِ ہنگامہ نہ ہو منبر و محراب

دین بندہِ مومن کیلئے ہے موت یا خواب

وہ بڑے نباض تھے۔ حالات پر ان کی گہری نظر تھی اکثر یہ شعر مجھ سے کہا کرتے تھے:

میری صراحی سے قطرہ قطرہ نئے حوادث ٹپک رہے ہیں

میں روزوشب کا شمار کرتا ہوں تسبیح دانہ دانہ

علم کے اس قدر حریص تھے کہ میں جب کوئی نئی کتاب کا ذکر کرتا تو مجھ سے کتاب طلب کرتے اور میں انہیں کتاب فراہم کرتا تھا۔ عمر کے تفاوت کے باوجود غیر معمولی شفقت کے ساتھ پیش آتے۔ گفتگو کے دوران انکساری سے ایسا محسوس ہوتا تھا۔ ہم اپنائیت سے بات چیت کررہے ہیں۔ اپنے دیرینہ تجربات، مشاہدات اور واقعات کا تذکرہ کرتے تھے، تنظیم، اجتماعیت، اسلامی عقائد وافکار، دینی اشاعت اور حق کیلئے سعی جہد کرنے کے دوران آزمائش اور استقامت جیسے امور پر تفصیلی گفتگو کیا کرتے تھے وہ جماعت کے معاصر اکابرین ہی کی نہیں بلکہ تمام ہی مسالک کے علماء کی کتب سے استفادہ کرتے تھے۔ وہ تنگ ذہن اور تنگ نظر نہیں بلکہ وسیع النظر ووسیع القلب تھے۔ یہی وجہ تھی کہ بلالحاظ وابستگی مسلک ان کا احترام اور ان کی اجتماعی کوششوں کے سلسلہ میں انہیں قدر کی نگاہ سے دیکھا جاتا تھا۔

اپنی ذاتی زندگی میں وہ صبر وثبات کے پیکر تھے۔ مخالفین بھی سخت اختلاف کے باوجود خندہ پیشانی سے ملنے پر ان کے اخلاق سے متاثر ہوجاتے تھے۔ میں نے کبھی انہیں اختلافی مسائل پر مباحث کرتے نہیں دیکھا، احسن انداز سے صحیح بات غلط عقائد کے بالمقابل وہ آسانی سے کہہ گزرتے کہ سامنے والے کو اختلافی مسئلہ پر لب کشائی کا موقع نہیں ملتا، کم عمر ہم جیسے

بچوں سے بھی نہایت شفقت اور انکساری سے ملتے۔ انتہائی منکسر المزج شخصیت کے حامل مولوی محمد عبد الغفار صاحب مرحوم ایک متقی شخص تھے اگرچیکہ ان کی انفرادی عبادات کا وہ کبھی تذکرہ نہ کرتے لیکن میں نے ان کے ساتھ سفر کے دوران انہیں دیکھا کہ ان کے بیاگ میں قرآن مجید رہا کرتا تھا اور تہجد اور کوئی نماز ان کی قضاء نہ ہوتی جس مسجد کا موذن اس بات کی گواہی دے کہ فجر کی اذان سے پہلے سب سے پہلے کوئی شخصیت مسجد میں داخل ہوتی ہے وہ عبد الغفار صاحب مرحوم ہیں اس سے بڑی گواہی کیا ہوسکتی ہے۔ وہ روزانہ تہجد کے بعد اپنے گھر سے نکل کر قبرستان جاتے اور فجر کی نماز، درس قرآن کے بعد ۷ بجے تک قرآن وحدیث کا مطالعہ کرتے اور اپنے کاروبار میں اور تحریکی کاموں میں مشغول ہو جاتے۔ ایک مہذب قد آور وضع دار شخصیت جناب مولوی عبد الغفار صاحب مرحوم کا یہ انفرادی اور شخصی کردار تھا جس کا میں نے احاطہ کیا۔

وہ ملت کے اجتماعی معاملات میں بڑھ چڑھ کر حصہ لیتے تھے۔ نظام آباد میں مسلم پرسنل لا بورڈ کے تاریخی جلسہ کے بعد تمام ہی جماعتوں کے قائدین کو ایک پلیٹ فارم پر جوڑ رکھنے کی کوشش کرتے ہوئے انہوں نے نظام آباد میں مسلم پرسنل لا کمیٹی کو تادم حیات قائم رکھا اور جب بھی ملی اجتماعی اُمور ومفادات ومعاملات کی بات آتی وہ اس کمیٹی کے ذریعہ اجتماعی طور پر سرگرمی کے ساتھ کام کیا کرتے مجھے اچھی طرح یاد ہے کہ ۱۹۸۶ء میں نان نفقہ کے مسئلہ پر شاہ بانو کیس میں عدلیہ کی مداخلت کے بعد مسلم پرسنل لا کمیٹی کے ذریعہ سے پورے ضلع بھر میں ایک اجتماعی مہم چلائی گئی جس میں بھی اگرچیکہ کم عمر تھا لیکن تمام ذمہ داروں کے ساتھ ضلع کے دوروں میں شامل تھا اور ایک زبردست ریالی جس کی نظام آباد کی تاریخ میں کوئی نظیر نہیں ملتی نکالی گئی تھی۔ شریعت میں ارباب اقتدار یا عدلیہ کی مداخلت کا معاملہ ہو یا بابری مسجد سانحہ شہادت سے قبل کے حالات کا جناب مولوی محمد عبد الغفار صاحب مرحوم نے اس پلیٹ فارم کو جوڑ رکھا، اُنہی کی کوششوں سے پہلی مرتبہ نظام آباد میں شرعی پنچایت کا قیام عمل

میں لایا گیا تھا۔ ابتداء میں اس کا دفتر مسجد رضا بیگ میں تھا لیکن بعض معترضین نے اس دفتر کو بدل دیا لیکن مرحوم اتنے وسیع القلب ووسیع نظر تھے کہ اس مسئلہ پر انہوں نے کبھی بھی اعتراض نہیں کیا۔ وسیع القلبی کا یہ عالم تھا کہ شرعی پنچایت کے مسجد رضا بیگ میں قیام کے دوران مولانا عطاالرحمن صاحب، مولانا کریم الدین کمال، مولانا ولی اللہ صاحب، حافظ عرفان احمد صاحب اگر نمازوں کے اوقات میں موجود رہتے تو وہ امامت کیلئے انہیں مصلّے تک پہنچاتے اور ان کی اقتداء میں نماز ادا کرتے۔ فروعی مسائل اور اختلافی امور میں وہ ہمیشہ معتدل رویہ اختیار کیا کرتے تھے اور اختلافی امور ومباحث کو ہمیشہ نظر انداز کر دیا کرتے تھے کہیں کوئی فساد ہوتا تو وہ تمام ہی جماعتوں اور مکاتب فکر کے قائدین کے ساتھ پہنچ کر مسائل کو حل کیا کرتے تھے۔ اور ارباب مجاز سے نمائندگی کرتے تھے۔ بابری مسجد سانحہ شہادت کا واقعہ اگرچیکہ وقت گذرنے کے ساتھ ساتھ مسلمانوں کے ذہنوں سے اوجھل ہو رہا ہے لیکن مرحوم ہر سال پوری تہذیب کے ساتھ ذمہ داران ملت کو جوڑ کر وہ نمائندگی کیا کرتے تھے۔ مرحوم کا یہ مثالی اجتماعی کردار تھا جو ہمیشہ ملت کے ذمہ داروں کو یاد رہے گا۔ انہوں نے مجھ سے کہا کہ وہ ابتداء میں اہلحدیث سے بعد میں تبلیغی جماعت سے متاثر تھے اور وہ تبلیغی جماعت کے دوروں میں بھی شریک تھے لیکن جماعت اسلامی سے وابستہ ہونے کے بعد وہ جماعت اسلامی کی سرگرمیوں میں بڑھ چڑھ کر حصہ لیا کرتے تھے۔ اسلامی نظام کے قیام اس کی نشاۃ ثانیہ کیلئے اپنے تن من دھن کی قربانی کا پیکر بن کر سرگرم عمل رہے۔ وہ قرآن کا یہ جملہ بار بار دہرایا کرتے تھے کہ اَن الحکم الا اللہ اَن الارض اللہ۔ اللہ کی زمین پر اللہ کے نظام کے قیام ہی کو اپنی زندگی کا محور ومرکز بنالینا چاہئے۔ فرد کا ارتقاء معاشرہ کی تعمیر اور ریاست کی تشکیل یہ وہ خواب تھا جس کو اسلامی سانچہ میں ڈھالنے کا خواب تحریک کے بانیوں نے دیکھا تھا جس تحریک کا اساس کار قرآن وسنت اور ایک اجتماعی نظام کے قیام کے لئے جدوجہد جس کا محور ومقصود اسی تصور کے ساتھ وہ آخری دم تک مصروف عمل تھے۔ جماعت اسلامی نے انہیں جتنی ذمہ داریاں تفویض کی وہ تمام ذمہ داریاں کو بحسن خوبی

انجام دیتے۔ وہ ناظم ضلع کے بعد ناظم علاقہ بنے، میں دیکھتا کہ وہ اسکوٹر پر طویل سفر کرتے ہوئے تنظیمی اور عام اجتماعات منعقد کرتے اوراپنی ذمہ داری کو پورا کرتے۔ انہیں اڈیشہ کا ناظم بنایا گیا وہ سنگلاخ علاقہ میں بھی کام کرتے ہوئے اپنے نقوش چھوڑے۔

اللہ کا پیغام اللہ کے بندوں تک پہنچانے، اقامت دین کے ایک داعی کی حیثیت سے ان کی انفرادی واجتماعی زندگی ایک مثال تھی۔ ایک دیانت دار تاجر کی حیثیت سے انہیں غیر مسلم مالکان رائس ملز عزت ووقار کی نظر سے دیکھتے اور ان کی رائس ملز میں آمد کو خیر وبرکت تصور کرتے چاول کی دکان کے مالک کی حیثیت سے انہوں نے دیانت وامانت کی بناء پر ایک صادق تاجر کی حیثیت سے اپنی منفرد شناخت بنائی تھی وہ غیر مسلم احباب سے اپنی ملاقات کے دوران توحید، رسالت اورآخرت کے تصور سے انہیں آگاہ ہی کرتے تھے۔ فرقہ پرست قائدین بھی انہیں قدر کی نگاہ سے دیکھتے۔ فورم فار ڈیموکریسی اینڈ کمیونل امیٹی کے نام سے جماعت نے ایک فورم قائم کیا تھا انہون نے اس فورم کے مقاصد کے پیش نظر غیر مسلم قائدین کو اس کاز کیلئے جوڑا تھا تاکہ جمہوریت اور فرقہ وارانہ ہم آہنگی کو ملک میں برقرار رکھا جاسکے۔ ایمر جنسی کے دوران میرے والد محترم مرحوم جناب سید یعقوب علی صاحب اور مولوی عبد الغفار صاحب ۱۸ ماہ تک مشیر آباد جیل میں محروس تھے۔ اس دوران جیل میں بھی انہوں نے آر ایس ایس، کمیونسٹ قائدین سے مل کر انہیں دین اسلام کے متعلق غلط فہمیوں کے ازالہ کی بھرپور جدوجہد کی۔ مجھے اچھی طرح یاد ہے کہ چند سال قبل بنڈارو دتاتریہ (موجودہ وزیر) جب انتخابی مہم کے سلسلہ میں نظام آباد میں تھے نہرو پارک پر مولوی محمد عبد الغفار صاحب کو دیکھ کر انہیں گلے لگالیا اور جیل کے ایام کے یادیں تازہ کیں۔ جماعت اسلامی سے وابستگی کے دوران جہاں انہیں جیل کی صعوبتوں سے دوچار ہونا پڑا وہیں مخالفین کے طعنے اور ان کے حملے بھی سہنے پڑے لیکن انہوں نے مدافعت میں اپنا دیرینہ نظر انداز کرنے والا رویہ برقرار رکھا۔ آزمائشوں کے کئی مراحل سے وہ گذرے لیکن ان کے پائے ثبات کو میں نے کبھی لڑکھڑاتے نہیں دیکھا۔ اللہ

بزرگ و برتر پر انہیں گہرا یقین تھا مشکل حالات میں بھی وہ ہمیشہ ایک پہاڑ کی طرح کھڑے رہتے۔ بے باکی جراءت ان میں کوٹ کوٹ کر بھری ہوئی تھی۔ حق کے معاملہ میں رشتہ ناطہ اور دوستی کا لحاظ کئے بغیر وہ دوٹوک اپنی بات کہہ جاتے۔ انہوں نے کبھی ذاتی مفاد کو اجتماعی مفاد پر ترجیح نہ دی تھی۔ جماعت اسلامی کے ایک پابند رکن کی حیثیت سے وہ جانے جاتے تھے۔

مسجد عثمانیہ رضا بیگ ایک سفال پوش بوسیدہ عمارت پر مشتمل مسجد تھی اس مسجد کی تعمیر نو کیلئے انہوں نے غیر معمولی دلچسپی لیتے ہوئے دامے، درمے، سخنے تعاون حاصل کرتے ہوئے نظام آباد کی خوبصورت مسجد کی حیثیت سے اس مسجد کو تبدیل کر دیا۔ وہ کہتے تھے کہ بڑی محنت و جستجو سے انہوں نے مسجد اور اس کے اطراف کی زمین حاصل کی۔ مسجد کے متولیوں نے ان کی مسجد کیلئے دی جانے والی خدمات پر مسجد کے داہنی حصہ کو ان کی ذاتی رہائش کیلئے مختص کر دیا تھا لیکن انہوں نے اس حصہ کو اپنی ذاتی رہائش کے سوائے جماعت اسلامی کے دفتر کے قیام کیلئے ترجیح دی۔ آج جہاں ابولیث ہال اور جماعت کا مقامی دفتر واقع ہے۔ ۶۰ سال کے طویل عرصہ تک وہ بلا معاوضہ و کفاف مسجد میں امامت و خطابات کا سلسلہ جاری رکھے ہوئے تھے۔ انہیں مسجد سے بے حد لگاؤ اور محبت تھی۔ ۶۰ سال کی دیرینہ وابستگی کا عرصہ کوئی معمولی عرصہ نہیں ہے۔ علالت کے سبب وہ مسجد آنے سے قاصر تھے لیکن میں جب بھی ملاقات کیلئے جاتا تو مسجد کے چھوٹ جانے کا حزن و ملال ان کے چہرے پر پاتا۔ ایک مرتبہ زار و قطار رونے لگے کہنے لگے کہ اپنی شدید خواہش کے باوجود میں مسجد نہیں آسکتا۔ خودداری کا یہ عالم تھا کہ کثیر العیال محدود وسائل کے باوجود کبھی اپنی ضروریات کا احساس دوسروں کے روبرو نہیں کرتے اور اس طرح وضعداری کے ساتھ رہتے کہ انہیں دیکھنے والا انتہائی مالدار تصور کرتا۔ الحمد اللہ مجھے مولوی عبد الغفار صاحب کے ساتھ بیٹھنے، ان کے ساتھ سفر میں رہنے کا موقع حاصل رہا۔ بہت سے امور میں جس کا احاطہ کیا جاسکتا ہے لیکن طوالت سے بچتے ہوئے انہیں خراج پیش کرنے کیلئے میں نے چند کلمات جو ان کی انفرادی ذات، اجتماعی شخصیت، تحریکی

زندگی، امامت و مسجد سے وابستگی کے سلسلہ میں ہے رقم کیا ہوں۔ اللہ مرحوم کی کاوشوں کو شرف قبولیت عطا کرے اور انہیں جنت الفردوس میں اعلیٰ مقام عطا کرے۔ آمین

علامہ اقبال کے یہ اشعار ان پر صادق آتے ہیں:

اُس کی امیدیں قلیل، اس کے مقاصد جلیل
اس کی ادا دلفریب اس کی نگہ دل نواز
نرم دم گفتگو، گرم دم جستجو
رزم ہو یا بزم ہو، پاک دل وپاک باز

☆☆☆

ولی اللہ قاسمی مرحوم

دفترِ ہستی میں تھی زریں ورق تیری حیات

سید نجیب علی

موت و حیات کے فیصلوں پر وہی ذات لم یزل ولایزال حیٌ و قیوم کو اختیار حاصل ہے۔ جب موت کا وقت آجاتا ہے اس میں تاخیر و تقدیم نہیں ہوسکتی **لایستاخرونَ ساعۃً ولا یستقدمُوْن** جب وہ گھڑی آجاتی ہے تو کوئی تاخیر و تقدیم نہیں ہوسکتی۔ مولانا ولی اللہ قاسمی کا انتقال ایک ناقابل تلافی نقصان ہے۔

مولانا سید ولی اللہ قاسمیؒ مرحوم سے میرا دیرینہ تعلق رہاہے رفاقت کا یہ سلسلہ گذشتہ ۵ سال سے کچھ زیادہ ہی ہوگیا تھا ہر صبح چہل قدمی میں ان کے ساتھ کئی موضوعات پر بات چیت ہوتی تھی ایک متبحر عالم، تقویٰ تدبر فراست کا پیکر، علم بیکراں رکھنے والی شخصیت، صلاحیت اور صالحیت کا مرکب، ملی حمیت سے سرشار اصلاح اُمت کا نقیب اپنی ذات میں ایک انجمن اللہ رب العلمین کی صفات پر غیر معمولی ایقان رکھنے خوف و خشعیت الٰہی سے معمور دل نباض زمانہ، خطیب العصر، منبر و محراب کا وقار، عالم باعمل روشن ضمیر، خود داری سنجیدگی و متانت کا مجسم فرائض سنن و اجباب نوافل و اذکار جن کی رگ و جان میں سرایت کرگئی تھی جن کی گفتگو میں قوت جذب قلوب تھا جو کئی باتوں ہی باتوں میں دلوں کا اکتساب بھی تھا ایک بے مثال مقرر جو سامع کو گرویدہ بنادے الفاظ کی بندشیں قرآن و حدیث صحابہ اکرام اور اسلاف و تاریخ کے حوالے ہر شخص کے دل میں یہ اشتیاق کہ تقریر کی طوالت کچھ اور بڑھے اور معلومات میں اضافہ کا سبب بن جائے جن کا خطاب سن کر حیرت ہوتی تھی کہ اللہ نے علم و فضل و کمال اس شخص کیلئے

لکھ دیا ہے الفاظ کا ٹکسال ان کی آواز کا سوز دل کی اندر کی تڑپ سننے والوں کو تڑپاتی ہے۔ قرآن کے حیات بخش پیغام سے انہوں نے لوگوں کے قلوب کو گرمایا اور عمل کی تحریک پیدا کی۔ تقریر ایک جادو جو سننے والے کو متاثر کرے بغیر نہیں رہتی۔ غالباً ۱۸ سال قبل ایک دن ڈی سرینواس مولانا سے ملاقات کیلئے ان کے مدرسہ مظہر العلوم پہنچے مدرسہ کے احاطہ میں رسمی ملاقات کے بعد ان کے ہمراہ آئے ہوئے ایک مسلم قائد نے مولانا سے کہا کہ "آپ فارم بھر دیجئے" یہ جملہ سنتے ہی مولانا کا چہرہ سرخ ہو گیا اور مولانا نے سخت لہجہ اور کرخت آواز میں کہا کہ آپ انہیں دیجئے جن کے پاس نہیں ہے آپ ہمیں لالچ نہ دیجئے۔ ڈی سرینواس بھی حیرت میں پڑ گئے اور اس مسلم قائد کو ڈانٹ ڈپٹ کی اور کہا کہ یہ موقع نہیں ہے بات دراصل ۵۷ گز اراضی آئمہ و موذنین کو سرکاری طور پر دینے کی تھی جس پر مولانا نے اس رد عمل کا اظہار کیا تھا بعد میں ڈی سرینواس نے مجھ سے کہا کہ مولانا سخت آدمی ہے مولانا عطاء الرحمن صاحب کی طرح نہیں میرے دل نے اس واقعہ کا گہرا اثر قبول کیا تھا اور مولانا کی قدر و منزلت میری نگاہ میں بڑھ گئی۔

۲۰۰۷ء میں جب میں اُردو اکیڈیمی آندھرا پردیش کا رکن تھا اس وقت پہلی مرتبہ دینی مدارس کو کمپیوٹر دینے کی اسکیم کا آغاز کیا جارہا تھا ہر دینی مدرسہ کو ۵ کمپیوٹرس دیئے جارہے تھے پہلے مرحلہ میں حیدرآباد کے ۵ مدارس کا انتخاب کیا گیا اور ان مدارس کے ذمہ داروں کو اس اسکیم کے آغاز پر چیف منسٹر وائی ایس آر کے ہاتھوں کمپیوٹر دینے کی تقریب منعقد ہونی تھی میں نے اکیڈیمی کے اجلاس میں نظام آباد کے مدرسہ مظہر العلوم کو شامل کرایا تھا کہ حیدرآباد میں منعقدہ تقریب میں مولانا کو بھی مدعو کرتے ہوئے انہیں مدرسہ کیلئے یہ کمپیوٹرس دیئے جائیں بڑی خوشی و مسرت کے ساتھ جب اس بات کی اطلاع دینے کیلئے میں نے مولانا کو فون کیا تو مولانا کا رد عمل پر مجھے حیرت ہوئی مولانا نے کمپیوٹر لینے سے انکار کرتے ہوئے کہا کہ ہم نے طئے کیا ہے کہ سرکاری اسکیم سے ہمارے مدرسہ کو مستفید نہیں کریں گے میں فون پر تاویلیں دے کر مولانا کو منوانے کی کوشش کرتا رہا ہے لیکن میں اپنی کوشش میں ناکام رہا دوسرے دن میں نظام آباد

پہنچا تا کہ مولانا سے ملاقات کر کے انہیں اس تقریب میں چلنے کیلئے آمادہ کر سکوں مولانا نے کہا کہ ہمارے اکابرین کا حکم ہے کہ ہم سرکاری مراعات اور اسکیمات سے اپنے مدارس کو دور رکھیں مولانا نے کہا کہ اس مسئلہ پر انہوں نے مولانا ارشد مدنی دامت برکاتہم سے بات چیت کی اور وہ جملہ مولانا نے دہرایا جو مولانا ارشد مدنی صاحب نے فرمایا تھا کہ ہمارے مدارس توکل اور اخلاص پر چلتے ہیں جس دن سرکاری اسکیمات سے استفادہ کا ذہن پیدا ہو گا جس راستے سے یہ اسکیمات ان مدارس اور اداروں میں داخل ہوں گی دوسرے ہی راستہ سے توکل و اخلاص نکل جائے گا۔ اس جملہ کو سننے کے بعد میں لب کشائی کی جسارت نہ کر سکا۔ آہ یہ کیسے لوگ ہیں آج بھی دین کا کام کرنے کیلئے ان کے پاس محدود وسائل اور توکل و اخلاص کی بیساکھیاں ہیں اور یہی ان کے مضبوط سہارے ہے کتنے ہی واقعات علم میں آتے ہیں مدارس کے سلسلہ میں لیکن مولانا ولی اللہ قاسمیؒ مرحوم مشکل حالات میں بھی اپنا مدرسہ کا توکل یقین وغناء کے بھروسے پر چلاتے تھے اللہ رب العلمین کی ذات عالی پر اس قدر گہرا یقین محکم کبھی کبھی مجھ سے کہتے کہ مدرسہ میں راشن ختم ہو گیا تھا صبح کیلئے کچھ نہیں تھا اللہ نے انتظام فرما دیا۔ مدرسہ مظہر العلوم کا پودا لگا کر ایک پھل دار درخت کی شکل میں اپنے خون جگر سے مولانا اور آصف صاحب نے اس کی آبیاری کی۔ اور کتنی ہی کیاریاں س گلشن مادر علمی کی پھیل کر برگ و بار لا رہی ہیں۔ اس مدرسہ کے فیضان سے ہمارا ضلع روشن ہو گیا اور اس کی تابنا کی منبر و محراب سے عیاں ہوتی ہے کتنے سنگریزوں کو تراش کر ان جوہریوں نے ہیرا بنا دیا کہ ان کے سینوں میں قرآن محفوظ ہو گیا علم و فضلیت کی سندیں ان کو حاصل ہوئیں وہ ملت کا اثاثہ بن گئے ان میں اچھے مدرس معلم عالم حافظ و مفتیان معاشرے میں روشنی بکھیر رہے ہیں۔ مولانا نے اپنی ذات کیلئے کبھی کسی شخص یا ارباب مقتدر کے سامنے دست حلب نہیں رکھا وہ نہایت محتاط منکسر المزاج تھے ہمیشہ ملت کے وسیع تر مفاد میں سوچا کرتے تھے۔ اپنے خیالات افکار ذاتی تجربات تاریخی واقعات اسلاف کے کارنامے ہمیشہ موضوع گفتگو رہا کرتے تھے گذشتہ چند سالوں کے دوران ملک کی موجودہ صورتحال کے بارے میں وہ بہت زیادہ متفکر اور بے چین رہا کرتے تھے کہ یہ امت آزمائش و ابتلاء کے قابل

نہیں ہے جو کرناک واقعات مسلمانوں کا عرصہ حیات تنگ کرنے لنچنگ کے واقعات پر وہ بے چین رہا کرتے تھے دینی مدارس کا تحفظ دینی اداروں اور جماعتوں کی بقاء ہر مسلک جو جس سمت بھی دین کے مفاد میں خدمات انجام دے رہا ہوں اس کو وہ وقت کی ضرورت قرار دیتے تھے مجھ سے کہتے کہ کبھی ذہنی تحفظات بھی مختلف جماعتوں سے متعلق تھے لیکن اب حالات نے آشکار کیا ہے کہ ہر جماعت ہر مسلک دین کی ترویج واشاعت کیلئے ان حالات میں ضروری ہے۔ ایک مرتبہ میں نے ایک تحریر پڑھ کر سنائی تھی ایک متبحر عالم دین نے موجودہ حالات کا تجزیہ کرتے ہوئے لکھا تھا کہ ان حالات میں ضرورت ہے کہ امت کا ہر فرد "رجوع الی اللہ دعوت الی اللہ" کا نقیب بن جائے۔ مولانا نے جب یہ دو جملے سنے تو کہا کہ آج میرا جمعہ کا موضوع یہی ہو گا۔ حقیقت یہی ہے کہ موجودہ حالات کا تقاضہ صرف یہی دو نکات ہے جس پر عامل ہو کر ہم حالات کے بھنور سے کل سکتے ہیں اور کشتی کو گرد آب سے نکال کر ساحل تک بحفاظت لے جاسکتے ہیں۔

مولانا بے مثال خطیب تھے الفاظ کی روانی و سلاست انداز بیان قرآن و حدیث کے حوالے اکابرین کے کارنامے اسباب زوال امت اصلاح حال کیلئے درکار امور حالات کو بدلنے کا عزم اور تدبیر ماحول کی برائیوں کے سدباب کیلئے ان کی بے چینی اور کرب فکر و تربیت کے پہلو باطل قوتوں کو ریشہ دوانیوں اور منصوبہ بند حکمت عملی کے بالمقابل ہماری کیفیت قرآن و حدیث سے ہماری وابستگی کی ضرورت اہمیت و افادیت دینی علوم کا فروغ اور اس کا ماحول موجودہ حالات میں مایوسی کے برعکس اللہ کی ذات العالیٰ پر کامل یقین تزکیہ نفس، توبہ استغفار اپنے گھروں کو اسلامی ماحول میں ڈھالنے معاشرہ کے اسلامی خطوط پر ڈھالنے اکرام و تکریم مولانا کے خاص موضوعات رہا کرتے تھے۔ ابھی کچھ عرصہ قبل ماہ فروری میں جب یہاں CAA پر شاہین باغ طرز کا دھرنا جاری تھا مولانا کا خطاب تھا مولانا کے آنے میں کچھ تاخیر تھی منتظمین نے میری تقریر رکھ دی تھی میری تقریر کے بعد مولانا نے جو تقریر کی میں نے کہا کہ مولانا ہماری نظر جسم پر ابھر آنے والے پھوڑے اور پھنسیوں پر ہے آپ کی نظر فاسد خون پر ہے مولانا نے کم وقت میں جو جوش و جذبہ وہاں وموجود افراد میں موجزن کر دیا کہ ہر شخص عش

عش کرنے لگا جرأت اور بے باکی کا مظہر ایک غیر معمولی تقریر مولانا کی رہی ایک ایسا جوش مولانا نے پیدا کیا کہ کب معرکہ حق و باطل ہو جائے اور ہم اپنی جان آفرین کے حوالے کر دے ایک بہترین واعظ بیاں ہماری تذکیر کرنے والی بہترین شخصیت ہمارے درمیان سے اٹھ گئی اور مالک حقیقی سے جا ملی۔

چند ماہ قبل مولانا نے ایک ہمہ مسلکی اجلاس کی یاد تازہ کرتے ہوئے کہا تھا شاید یہ ۲۰۰۱ء کی بات ہے جب کوشش کرتے ہوئے شخصی طور میں نے ایک پہل کی تھی نظام آباد کے تمام مسالک کے ذمہ داروں کو کلاسک فنکشن ہال میں دوپہر کے کھانے پر مدعو کیا گیا تھا تمام علماء جس میں مولانا عطاء الرحمن صاحب مرحوم، مولوی عبدالغفار صاحب مرحوم اوراہلحدیث، اہلسنت والجماعت اور تمام مسالک کے علماء اکرام شامل تھے ایک خصوصی اجلاس میں یہ گذارش کرنے کیلئے اختلافی مسائل کو عوامی موضوع نہ بنائے جائے بلکہ اعتدال اور ملت میں اتفاق و اتحاد کی فضاء قائم کی جائے میں عبدالمقیت فاروقی اور میرے دوست نجیب خان کی اس پہل پر تمام ہی مسالک اور مکاتب کے علماء و ذمہ داروں نے اتفاق کیا تھا اور اتحاد بین المسالک کے سلسلہ میں کچھ تجاویز اور کچھ عمل بھی درآمد ہوا تھا لیکن یہ سلسلہ دراز نہیں ہو سکا اس اجلاس کے انعقاد کو تو میں بھول گیا تھا لیکن مولانا نے اچانک وہ یادیں تازہ کیں اور کہا کہ پھر حالات کا تقاضہ ہے کہ ہم اس طرح کا اجلاس منعقد کریں میں نے وعدہ بھی کیا تھا کہ انشاء اللہ حالات سازگار ہوں گے تو پھر ایک بار ضرور اس طرح کا اجلاس منعقد کروں گا۔

مولانا کو میں نے کبھی مرعوب ہوتے نہیں دیکھا وہ ظاہری چمک دمک عہدہ ورتبہ پر مامور شخصیتوں سے ہمیشہ اپنے آپ کو بچائے رکھتے تھے کیمروں کے سامنے اپنے منہ کو چھپا لیا کرتے تھے الا یہ کہ کوئی ضرورت ہو جائے تشہیر سستی شہرت سے دور اپنی ذات تنازعات سے بچا کر رکھنا مولانا کا خاص وصف تھا۔ طبیعت میں نرمی، گفتگو میں شائستگی، چال و چلن میں اعتدال، نفاست و پاکیزگی کا خیال، عفو و درگذر اپنے مخالف کو اپنا گرویدہ بنانے کا فن، ذکر نیم شبی، مراقبے اور صحبت علماء سے فیض حاصل کرنا نظام آباد کی فضاؤں کو ہمیشہ علمی ماحول سے معطر رکھنے کیلئے

ملک بھر کے علماء اکرام کو بلا کر ان سے استفادہ کرانا مولانا کا وطیرہ و معمول تھا۔

میرے پاس الفاظ نہیں کہ میں مولانا کے بارے میں کیا کیا لکھوں بڑی اپنائیت سے وہ مجھ سے بہت سی باتیں کہہ جاتے جب کبھی کسی بیرونی عالم دین کو وہ نظام آباد مدعو کرتے مجھ سے بالخصوص کھانے میں شریک رہنے کی خواہش کرتے ایک مقناطیسی شخصیت تھی وہ کہ کبار علماء بھی ان کی دعوت پر کھینچ کر چلے آتے تھے۔ وہ نظام آباد میں فلاحی سماجی ملی خدمات کے روح رواں تھے ان کی خدمات کو کبھی فراموش نہیں کیا جاسکتا۔ مولانا ہر تعمیری اور دینی کام کی پذیرائی کرتے تھے ابھی گذشتہ پیر کے دن ان کی ملاقات میرے بھائی سید مجیب علی صاحب سے ہوئی تھی سید یعقوب علی میموریل حفظ قرآن اکیڈیمی کے تحت قرآن کے حفظ کے آن لائن پروگرام کو انہوں نے سراہتے ہوئے اس نئی جہت پر مبارکباد دی تھی۔ اور کہا تھا کہ آپ نے ایک نیا سلسلہ شروع کیا ہے جس کی تمام مدارس کو اقتداء کرنا چاہئے۔

خشک ہوجاتا ہے دل میں اشک کا سیل رواں
دفتر ہستی میں تھی زریں ورق تیری حیات
تھی سراپا دین و دنیا کا سبق تیری حیات
آسماں تیری لحد پر شبنم افشانی کرے
سبز نورستہ اس گھر کی نگہبانی کرے

رب ذوالجلال کے حضور و عجز انکساری قلب کے ساتھ دعا گو ہوں کہ مولانا مرحوم کی خدمات کو شرف قبولیت عطا فرمائے۔ ان کی موت کو ان کیلئے تحفہ بنادے ان کی مرقد کو جنت کا باغ بنادے ان کی مغفرت اور ان کے درجات کو بلند فرما اور جوار رحمت میں جگہ عطا فرمائے۔ ان کا نعم البدل اُمت کو عطا فرمائے۔ (آمین)

☆☆☆

یعقوب سروش مرحوم

آنکھ حیران ہے کیا شخص زمانے سے اٹھا

مجید عارف

اکثر کتابوں میں پڑھا تھا، زمین پر فرشتے بھی آباد ہوتے ہیں وہ نیکی اور پرہیزگاری کو اپنا شعار بنائے ہوئے ہوتے ہیں ان کی زندگی تعمیری فکر کا اعلی نمونہ ہوتی ہے نامساعد حالات میں بھی حصول مقصد کے لئے اپنی توانائیاں صرف کر دیتے ہیں انہیں موت بھی شکست نہیں دے سکتی ۔جب یہ داغ مفارقت دے جاتے ہیں تو ان کے اعمال اور ان کے کارنامے عام آدمی کے لیے مشعل راہ ہوتے ہیں ان کے کردار کی روشنی نسلوں کو فیض یاب کرتی رہتی ہے۔ ہم اہلیان ضلع نظام آباد کو یہ اعزاز حاصل ہے کہ ہم نے اس فرشتے کو دیکھاہے۔ آرمور جیسے چھوٹے سے گاؤں سے تعلق رکھنے والے اس شخص نے اپنی خدمات کے انمٹ نقوش چھوڑے ہیں۔ ادب، صحافت، خطابت، تعلیم، اور دین حنیف کی سربلندی کیلئے ان کی سچی تڑپ ان کی زندگی کے کس پہلو پر روشنی ڈالی جائے ؟ مجھ جیسے طفلِ مکتب کے لئے ممکن نہیں کی ان کی بے لوث خدمات کا مکمل طور پر احاطہ کروں، کیونکہ نابغہء روزگار شخصیتیں اپنے تعارف کے لیے گہرا مشاہدہ اور گہری علمی بصیرت مانگتی ہیں۔

آفس میں روز کی طرح کام نمٹا کر جب میں میں انٹرنیٹ پر اخبار کا مطالعہ شروع کیا تو یہ روح فرسا خبر نظروں سے گزری کہ یعقوب سروش صاحب اب اس دنیا میں نہیں رہے۔ اِنَّا لِلّٰہِ وَاِنَّآ اِلَیْہِ رَاجِعُوْنَ۔۔۔ مجھے یقین نہیں آیا، ایک جھٹکا سا لگا، ان کا محبت و خلوص کا اظہار کرتا چہرا آنکھوں

میں گھوم گیا اور یوں محسوس ہوا جیسے کوئی اپنا بچھڑ گیا ہو اور بے اختیار میری آنکھوں سے آنسو بہنے لگے۔ یہ رشتوں کا تقدس بھی عجیب ہے بعض اوقات انسان خونی رشتوں کو اہمیت نہیں دیتا لیکن جب یہ اخلاص کے رشتے روحانیت کی آمیزش میں رچ بس جاتے ہیں تو خونی رشتے بھی پھیکے پڑ جاتے ہیں یعقوب سروش صاحب سے کچھ اس قسم کا رشتہ استوار ہوا تھا۔

جب ہم ہائی اسکول میں زیر تعلیم تھے وہ ڈپٹی ایجوکیشن آفیسر کے عہدے پر فائز تھے۔ بڑا رعب و دبدبہ تھا ان کا۔ جب وہ انسپکشن کے لئے آتے تو پورے اسٹاف پر ایک خوف کی سی کیفیت طاری ہو جاتی تھی۔۔ اسی گھبراہٹ اور خوف کے عالم میں جب ہم نے پہلی بار ان سے ملاقات کی تو وہ انتہائی خندہ پیشانی سے ملے۔ غالباً جمیل نظام آبادی نے تعارف کروایا تھا۔ بڑے خوش ہوئے کہ کم عمری میں معیاری رسالوں میں چھپتے ہو۔ فرمانے لگے گے قرآن کریم میں قلم کا ذکر ہے یہ بہت بڑی امانت اللہ تعالی نے تمہیں سونپی ہے۔ تمہارا فرض ہے کہ اعلی مقاصد کی جستجو میں لگے رہو۔

اس کے بعد ملاقاتیں ہوتی رہیں اور ان کی شخصیت کے کئی پہلوؤں کو قریب سے دیکھنے کا موقع ملا ۔ چہرے پر ہمیشہ شفقت بھری مسکراہٹ۔ گفتگو میں بلا کی ذہانت و بردباری، سلجھا ہوا تعمیری ذہن، ماتھے پر ملت کی حقیقی فکر۔ ہمیشہ شیروانی زیب تن کیا کرتے تھے،وقت کی پابندی کو اہمیت دیتے تھے بحالت مجبوری وعدہ نہیں نبھا سکتے تھے تو قبل از وقت اطلاع دیتے تھے۔ دورانِ گفتگو اکثر ملت کے مسائل کو لے کر آبدیدہ ہو جاتے تھے۔ کہتے تھے کہ وسعت نظری کا فقدان ملت کو لے ڈوبا ہے۔ اعلیٰ تعلیم یافتہ طبقہ جو جدید ٹکنالوجی میں مہارت رکھتا ہے۔ اسلام کے اعلیٰ اقدار سے واقف نہیں ہے، اور جو اسلام کی سربلندی کے لئے کمربستہ ہیں، جدید علوم اور عصری تقاضوں سے ہم آہنگ نہیں ہیں۔ جس کی وجہ سے ایک خلیج سی حائل ہو گئی ہے۔ جو ملت کو متوازن ترقی میں رکاوٹ کا سبب بن رہی ہے۔ انفرادی ہو یا اجتماعی زندگی دنیا کے تمام مسائل کا حل بحثیت داعی امت مسلمہ کے پاس ہونا چاہئے۔ دنیا کا کوئی دستور حقوق انسانی کا نقیب و محافظ

بنا ہے تو وہ ہے قرآن اور سیرت محمدی ﷺ۔اگر آج کی امت مسلمہ گلشن سیرت کے گل ہائے عطر بیز سے اپنے کردار کو معطر کرلے تو پوری دنیا میں مسلمانوں کی سیرت کے ڈنکے بجنے لگیں گے۔دین تبلیغ کی یہ بہترین مثال ثابت ہوگی۔

یعقوب سروش صاحب ستمبر ۱۹۲۶ء کو ضلع ورنگل کے ایک گاؤں میں پیدا ہوئے۔ابتدائی تعلیم اسلامیہ ہائی اسکول سے حاصل کی۔بعد ازاں عثمانیہ یونیورسٹی سے بدرجہ اول ایم اے اور بی ایڈ کامیاب کیا۔ان کی تربیت میں ان کے استاد محترم مولانا حامد علی صاحب نائب امیر جماعت اسلامی ہند کا خاص رول رہا ہے۔عملی زندگی کا آغاز درس و تدریس سے کیا۔بحثیت مدرس شروعات کی پھر محکمہ تعلیمات میں ڈپٹی ایجوکیشن آفیسر و ڈسٹرکٹ سروے آفیسر کے عہدے پر فائز ہوئے۔ ۱۹۸۳ء سبکدوشی کے بعد بھی درس وتدریس کا سلسلہ جاری رہا۔زائد از دس سال آپ آغاخاں ہائی اسکول اردو وانگلش میڈیم کے پرنسپال کے عہدے پر فائز رہے اور اپنی خدمات کے انمٹ نقوش چھوڑے ہیں۔آرمور کی معروف فلاحی تنظیم مرکزی کمیٹی کی دو مرتبہ صدارت پر رہنے کا انہیں اعزاز حاصل ہے۔حکومت آندھراپردیش نے ان کی علمی و ادبی خدمات کا اعتراف کرتے ہوئے ۲۰۰۹ء میں اردو اکیڈمی کی جانب سے ڈاکٹر زور ایوارڈ سے نوازا تھا۔

۲۰۰۲ء میں جماعت اسلامی کی رکنیت حاصل کی بطور امیر مقامی آرمور بھی خدمات انجام دیں اور دینی ملی،وعلمی کاموں میں ہمیشہ پیش پیش رہتے تھے۔وہ مسجد شوکت السلام آرمور کے کئی برس تک امام وخطیب رہے تھے۔ایک مرتبہ راقم کو مسجد رحمانیہ زراعت نگر آرمور میں،درس قرآن سننے کا اتفاق ہوا۔انہوں نے سورہ عصر کی ترجمانی کی اور بڑے ہی فکری و علمی انداز میں آج کے حالات کو پیش کیا تھا کہ کس طرح انسان خسارے میں پڑا ہوا ہے۔وہ نہ صرف قرآن سے دلی محبت رکھتے تھے بلکہ قرآن کا بہترین ادراک و فہم بھی رکھتے تھے۔بلاشبہ ان کی سیرت ،انکا کردار،ان کا عمل ایک سچے مومن کا تھا۔

علامہ اقبال و مولانا مودودی سے والہانہ عقیدت ان کی تحریروں سے جھلکتی تھی۔ ان دو شخصیات پر انہوں نے کئی فکر انگیز مضامین لکھے۔ علامہ اقبال کی اس فکری بلندی کو چھونے کی تڑپ ہی نے انہیں ماہنامہ "بساط ذکر و فکر" کی اجرائی پر پر مائل کیا تھا۔ وہ ساری عمر، علامہ اقبال کے ان خیالات کو پیش کرتے رہے:

غیرت ہے بڑی چیز جہانِ تگ و دَو میں
پہناتی ہے درویش کو تاجِ سرِ دارا
حاصل کسی کامل سے یہ پوشیدہ ہُنَر کر
کہتے ہیں کہ شیشے کو بنا سکتے ہیں خارا
افراد کے ہاتھوں میں ہے اقوام کی تقدیر
ہر فرد ہے ملّت کے مقدّر کا ستارا
محروم رہا دولتِ دریا سے وہ غوّاص
کرتا نہیں جو صُحبتِ ساحل سے کنارا
دِیں ہاتھ سے دے کر اگر آزاد ہو ملّت
ہے ایسی تجارت میں مسلماں کا خسارا

ان کی تحریریں انتہائی شگفتہ دل کو چھو لینے والی اسلامی احساسات کی ترجمان ہوتی تھیں تحریر کے ساتھ ساتھ تقریر میں بھی انہیں ملکہ حاصل تھی۔ ان کے مضامین ہندو پاک کے معیاری رسائل کی زینت بنتے تھے۔

غالباً ۱۹۶۶ء میں جب وہ سعادت حج سے فیضاب ہوئے تھے ان دنوں مکہ مکرمہ میں مقیم ممتاز عالم دین مولانا مودودی سے ملاقات کا بھی انہیں شرف حاصل ہوا تھا اپنے مضمون "بطل جلیل سے ایک ملاقات" میں بڑے خلوص و اپنائیت سے ان کا ذکر کیا تھا۔

سعادت حج کی روداد کو انہوں نے اپنی معروف کتاب " ایک منزل کئی قافلہ" میں قلمبند

کیا۔ اس کتاب کی ادبی اور مذہبی حلقوں میں کافی پذیرائی ہوئی اور ملک کے مختلف اخبارات ورسائل میں اس کتاب پر تبصرے شائع ہوئے معروف اسلامی پبلیکیشنز ادارہ الحسنات دہلی، نے اس کتاب کے فروخت کا ریکارڈ قائم کیا۔ نامساعد حالات کے باوجود ماہنامہ "بساط ذکر و فکر" پابندی سے شائع کرتے تھے۔ انہیں ہندوپاک کے جید علماء کرام اور ادبا کا تعاون حاصل تھا۔ ان کے قلم میں بلا کی ندرت تھی، تحریر کی شگفتگی ایسی کہ بہت سے تاریخی واقعات کا پس منظر بہت ہی سلجھے ہوئے انداز میں رقم کیا ہے۔ ان کی تصنیفات میں "کچھ غم دنیا اور کچھ غم عقبیٰ"، پیرہن کی سرخی سے پیرہن کی خوشبو تک"، "عیسیٰ ابن مریم" اور مطالب قرآن شامل ہیں۔ عیسیٰ ابن مریم کا کئی زبانوں میں بھی ترجمہ ہو چکا ہے اور مطالبِ قرآن کو دینی حلقوں میں آج بھی قدر کی نگاہ سے دیکھا جاتا ہے۔ مطالب القرآن نا صرف ہندوستان بلکہ پاکستان کی مساجد میں تراویح کے بعد آج بھی سنائی جاتی ہے۔

بلاشبہ وہ انتہائی قابل اور اسلامی فکر رکھنے والی شخصیت تھی۔ ان کا تخلیقی سفر نصف صدی پر محیط ہے۔ ربع صدی سے پابندی سے ماہنامہ "بساط" شائع کرتے آرہے تھے انہیں غیر معمولی صلاحیتیں خالق برترنے ودیعت کی تھیں۔ ان کے قلم میں گہرائی اور گیرائی کا سمندر موجزن رہتا تھا ایسی شخصیتیں خال خال پیدا ہوتی ہیں۔ اسلام کا یہ خاموش داعی ۲/ فروری ۲۰۱۲ء کو اپنے خالق حقیقی سے جاملا۔

عبدالمعید صدیقی کے انتقال کے بعد اہلیان نظام آباد کو ایک اور صدمہ سے دوچار ہونا پڑا ہے۔ سنجیدہ فکر رکھنے والے احباب اس خلاء کو دیر تک محسوس کریں گے۔ میں خالق کائینات سے عجز وانکساری کے ساتھ دعا کرتا ہوں کہ مرحوم کے بشری لغزشات کو درگزر کرتے ہوئے ان کی قبر کو نور سے بھر دے۔ ان کی دینی خدمات و تخلیقات کو نجات کا ذریعہ بنادے آمین۔

ہندوستان کے نقشہ میں آرمور ضلع نظام آباد کو ایک نقطہ کی حیثیت بھی حاصل نہیں ہے، لیکن مختلف شعبہ ہائے زندگی سے تعلق رکھنے والی شخصتیوں نے اس تعلقہ کو دائمی شہرت عطا کی

ہے۔ یعقوب سروش، فضل اللہ قریشی، عبد الغفار، مرحومین نے دینِ حنیف کی سربلندی واپنی بے لوث سماجی خدمات کے لئے تادیر یاد رکھے جائیں گے۔ صالح بکران، فصیح الدین، مرحومین کی تعلیمی خدمات ناقابلِ فراموش ہیں، صالح بکران کی بصیرت وبصارت کو تحریک کا نام بھی دیں تو غلط نہ ہوگا، ان کا قائم کردہ، رحمانیہ اسکول یقیناً ایک تحریک ہی کا نام ہے جہاں سے مولوی نصیر الدین صاحب و مولوی ریاض صاحب جیسے اساتذہ نے اپنے خونِ جگر سے اس پودے کی ایسی آبیاری کی کہ آج بھی اس اسکول سے فارغ طلباء اپنی ندرت خیالی کی وجہ سے سماج میں نمایاں مقام رکھتے ہیں۔حمید آرموری، شریف اطہر ،شکیل آرموری ودخترانِ آرمور حنا عندلیب، کوثر فاطمہ، آمینہ جابری ریشمینہ، نے اپنی علمی صلاحتیوں کی بنا ادب میں ایک منفرد مقام بنایا ہے۔ معروف مصور وخطاط، سلیم اموری اپنی خداد صلاحتیوں کی وجہ سے قدر کی نگاہ سے دیکھے جاتے ہیں۔ ان کی شاہکار پینٹنگس نے ریاستی سطح پر مقبولیت حاصل کی ہے۔اسپورٹس میں جاوید بھائی نوجوانوں کے لئے سنگِ میل کا مقام رکھتے ہیں۔

بہر حال! یہ چھوٹا سا قصبہ اپنے اندر ایک تاریخ لئے ہوئے ہے۔

ایک سورج تھا کہ تاروں کے گھرانے سے اٹھا
آنکھ حیران ہے کیا شخص زمانے سے اٹھا

(پروین شاکر)

☆☆☆

فضل اللہ قریشی مرحوم

"گلاب ہیں ہم لوگ"

حنا عندلیب

مقدور ہو تو خاک سے پوچھوں کہ اے لئیم
تو نے وہ گنج ہائے گراں مایہ کیا کیے

۵/اگسٹ ۲۰۰۱ء کا دن تھا، گلابوں کا مہینہ تھا، گھر کے آنگن میں گلاب کے جھاڑوں پر سرخ سرخ گلاب کھلے تھے، ہلکی بارش کی بوندیں انہیں چوم کر جیسے گلابوں کی مہک کو چارسو پھیلا رہی تھی اور "گلاب ہیں ہم لوگ" کے خالق میرے بابا فضل اللہ قریشی اپنے مستقل گھر میں ابدی نیند سوتے ہوئے آخری منزل کی جانب رواں دواں ہونے کے منتظر تھے۔

یہ داستان درد کی
ابھی نہ چھیڑ ہم نشیں
کہ موت آ گئی انہیں
نہیں نہیں یقین نہیں

فضل اللہ نام تھا، قریشی تخلص اختیار کیا تھا، چار بھائی اور چار بہنوں میں چوتھا نمبر تھا۔ پداپلی پیدائشی مقام تھا، ایمرجنسی کے بعد کے حالات نے انہیں آرمور پہنچادیا۔ کم عمری ہی سے تحریکِ اسلامی سے متاثر تھے، اور ساری عمر دین حنیف کی سربلندی کے لئے کوشاں رہے۔

جناب مسعود جاوید ہاشمی رقمطراز ہیں:

"وہ دینِ مبین کے مخلص داعی تھے، وہ پداپلی میں پیدا ہوئے، کاغذ نگر پھر آرمور کو اپنا مسکن بنایا، جہاں رہے ان کی داعیانہ روش قابل رشک رہی، ادب کے گہواروں سے شعر و سخن کی شمع روشن کرتے رہے، اپنی محدود آمدنی پر قناعت ان کا اہم وصف رہا، وہ اس شعر کے مصداق تھے۔

ہم سے قائم ہے زینت عالم
اس چمن کے گلاب ہیں ہم

ان کی شاعری میں امید، زندگی، عزم وہمت، حرکت و عمل، خود اعتمادی بہت نمایاں تھی۔ ہر میدان میں انہوں نے طبع آزمائی کی اور اپنے پاکیزہ جذبات کو شعر کے قالب میں ڈھالنے کو کوشش کرتے رہے۔

بہت زیادہ حساس طبعیت کے مالک تھے، چھوٹی سی بات پر بھی بہت زیادہ متاثر ہو جاتے تھے۔ اقبال کی خودی ان کے اندر کوٹ کوٹ کر بھری ہوئی تھی، اپنی خودی کی اس انداز میں حفاظت کرتے رہے، ان کی پوری زندگی اقبال کے اس شعر کی عکاسی کرتی ہے۔

خودی نہ بیچ غریبی میں نام پید کر

اور اسی کا سبق انہوں نے ہم بھائی بہنوں کو بھی دیا تھا۔ بہت جری اور بیباک تھے، منافقانہ مصلحت پسندی سے سخت نفرت تھی۔ سانحہ بابری مسجد کے بعد ذمہ داروں نے پیغام بھیجا کہ فوری کہیں منتقل ہو جائیں، مگر بابا ہیں کہ گھر ہی پر موجود تھے۔ دریافت کرنے پر بتایا کہ روپوش ہونے کے بجائے گرفتاری کے لئے تیار ہوں۔ یہ چیزیں تو ہماری راہ کے سنگِ میل ہیں۔ پولیس چار پانچ دن تک ہمارے گھر اطراف موجود رہی مگر الحمد اللہ گرفتاری نہیں ہوئی۔ دوراندیش اور دوربین تھے، نوجوانوں سے خاص لگاؤ تھا، انہیں تحریک سے قریب کرنے کی کوشش کرتے رہے۔

موجودہ امیر جناب حامد محمد خان، کے بارے میں اکثر کہا کرتے تھے کہ دیکھنا ایک دن وہ امیر حلقہ بنیں گے محترم کی تحریکی سرگرمیاں بڑی تفصیل و دلچسپی سے سنایا کرتے تھے اور ان کی صلاحتیوں کا اعتراف کرکے خوش بھی ہوتے تھے۔خاص بات یہ تھی کہ ہر تحریکی سرگرمیوں کی تفصیل گھر میں بتایا کرتے تھے،اس طرح دلچسپ انداز میں گویا ہم سب لوگ دیکھ رہے ہیں۔اس طرح وہ ہمارے اندر تحریک سے لگاؤ پیدا کرنے کو کوشش کرتے تھے۔ اندازِ گفتگو بہت دلچسپ بلکہ پُر لطف ہوتا تھا،زبان دانی پر خاص توجہ دیا کرتے تھے۔

لوگوں کے اندر چھپی صلاحتیوں کو پہچاننے کا وصف بھی موجود تھا، اور اسی کے مطابق کام دیا کرتے تھے۔غیر مسلموں میں بھی بے حد مقبول تھے۔بی جے پی اور وشواہندوپریشد کے ذمہ داروں سے بھی خوشگوار تعلقات تھے، رسالے و اخبار "گیٹورائی" اور "ریڈینس" پابندی سے پہونچاتے تھے۔مختلف موضوعات پر تبادلہ خیال کرکے ان کی غلط فہمیاں دور کرنے اوراسلام سے قریب کرنے کی کوشش کرتے تھے۔

شعبہء خواتین و گرلز اسلامک آرگنائزیشن کو مستحکم کرنے کی بہت فکر کیا کرتے تھے۔ تحریکِ اسلامی سے والہانہ عشق تھا، ان کی اس خوبی کو معروف ادیب تمکین آفاقی،(اللہ سبحان تعالیٰ انہیں اپنے جوارِ رحمت میں جگہ دے۔آمین)اس طرح بیان کرتے ہیں:

"فضل اللہ قریشی کی جس خوبی سے میں بہت زیادہ متاثر ہوا ہوں، ان کی تحریک اسلامی سے گہری و مخلصانہ وابستگی ہے۔اٹھتے بیٹھتے سوتے جاگتے، میں برسوں موصوف کے ساتھ رہا ہوں،اس پورے عرصہ میں میں نے انہیں تحریک اسلامی کا طوطئی ہزارداستاں پایا ہے۔ان کا مطالعہ نہایت وسیع اور حافظہ غضب کا تھا۔بہت اچھی تحریری و تقریری صلاحیت کے مالک تھے۔تحریکی اسلامی کے مشن و اسلام کے آفاقی پیغام کو دوسروں تک پہنچانے کی بے قراری وکوششیں قابل ستائش و قابل تقلید تھیں،استدلال کے تو وہ بادشاہ تھے بڑے سے بڑے مخالف کو بھی علمی دلائل سے قائل کردیتے تھے۔

تحریکی شخصیتوں سے متعلق ان کی معلومات بہت وسیع تھیں، مولانا مودودی سے لے کر دورِ حاضر کے ذمہ داران جماعت تک بہت سے لوگوں سے متعلق وہ بہت سی باتیں جانتے تھے بلکہ اپنی معلومات سے محفلوں کو گرماتے رہتے تھے۔

وہ کسی سے بھی مرعوب نہیں ہوتے تھے۔ بڑی سے بڑی شخصیت کے ساتھ برابری کی سطح پر پوری خود اعتمادی سے تبادلہ خیال کرتے۔ اکثر مخاطب ان کے دلائل کو ماننے پر مجبور ہو جاتے۔ مسلم نوجوانوں سے ان کا لگاؤ غیر معمولی نوعیت کا تھا۔ ان کے جوہر کو چمکانے اور ان کی صلاحیتوں کو نکھارنے دینِ حنیف سے انہیں وابستہ کرنے کے جذبے کے تحت زبان و بیان کی تمام صلاحیتوں سے کام لیتے تھے۔ اور اسی فکر کا نتیجہ ہے کہ بہت سے نوجوانوں نے تحریکِ اسلامی سے وابستگی اختیار کی بلکہ اس کے بہترین دست و بازو بن گئے۔

ان کی زندہ دلی اور خوش مزاجی کا تذکرہ بھی یہاں ضروری سمجھتا ہوں۔ اللہ تعالیٰ نے انہیں عجیب حسِ مزاح عطا کی تھی، جس محفل میں بیٹھتے اپنی بذلہ سنجیوں سے خوشگوار بنادیتے، ہر بات میں سے مزاح کا پہلو تلاش کر کے لوگوں کو بے ساختہ ہنسنے پر مجبور کر دیتے تھے۔ شعر و سخن کے بچپن ہی سے دلدادہ تھے۔ اور یہی ذوق تھا جو ہماری قربت کا باعث بنا اور بعد میں قریب ترین رشتہ داری کا۔ مگر جو بات انہیں ہم سب میں ممتاز کرتی ہے وہ ان کا مطالعہ و حافظہ تھا، ہمارے لئے تو اپنے اشعار یاد رکھنا مشکل ہوتا تھا، اور قریشی صاحب کا عالم یہ تھا کہ وہ سیکڑوں بر محل اشعار ان کی نوک زبان پر رہتے، اساتذہ سخن سے لے کر جدید شعراء کا کلام انہیں ازبر تھا، بالخصوص تحریک اسلامی سے وابستہ شعراء و ادباء کو انہوں نے خوب پڑھا تھا، اور اپنے اس مطالعہ کا انہوں نے خوب استعمال بھی کیا۔ اللہ تعالیٰ موصوف کے خلوص و جدوجہد کو قبول فرمائے، اور جنت الفردوس میں جگہ عطا فرمائے۔ آمین"

محترم تمکین آفاقی مرحوم بابا کے بہنوئی ہوتے ہیں۔ بابا کے انتقال پر آرمور کی مشہور و معروف شخصیت جناب یعقوب سروش، مدیر بساط نے ان لفظوں میں خراجِ عقیدت پیش کیا تھا:

"آدھی رات تھی کہ اللہ کے درویش صفت بندے فضل اللہ قریشی کے نام پیام اجل آیا اور چشم زون میں وہ اپنے خالق وپروردگار کے حضور جا پہنچے۔انا للہ وانا الیہ راجعون

گزشتہ چندماہ سے وہ دل کے عارضہ میں مبتلا تھے۔اسی وجہ سے انہوں نے دو تین ماہ قبل ہی مقامی امارت سے استعفٰی دے دیا تھا۔مرحوم جماعت سلامی کے قدیم رفقاء میں سے تھے۔ان کے روابط ضلع اور حلقہ سے لے کر کل ہند سطح تک تھے۔ وہ ایک شعلہ بیان خطیب تھے اور کوثر وتسنیم میں دھلی ہوئی اردو بولتے تھے۔اعلیٰ درجہ کے سخن فہم تھے۔علامہ اقبال کے کئی اشعار ان کے نوک زبان پر تھے۔اپنی بزلہ سنجی اور خوش مزاجی کی وجہ سے وہ اپنے احباب میں کافی مقبول تھے۔ اللہ تعالیٰ سے دعا ہے کہ وہ مرحوم مغفور کو اعلیٰ علین میں جگہ عطا فرمائے۔اور پسماندگان کو صبر جمیل عطا فرمائے۔ آمین

بابا،علامہ اقبال کی فکر سے کافی متاثر تھے۔ اسی لئے انہوں نے اپنے تمام بیٹوں کے ناموں کے ساتھ "اقبال" اضافی نام رکھ کر اقبال سے اپنی بے پناہ عقیدت کا ثبوت دیا تھا جیسے، فریس اقبال، انیس اقبال، صہیب اقبال، مصعب اقبال، مونس اقبال،انس اقبال۔

ماہر القادری کا سلام بڑے عقیدت کے ساتھ پڑھتے ، نبی ﷺ کے ذکر پر بڑے والہانہ انداز کا لب ولہجہ اختیار کرتے۔ اسلامیات کے ٹیچر تھے۔دسویں جماعت کے طلباء کی خواہش ہوتی تھی کہ وہ بابا کو روزانہ اپنی کلاس میں مدعو کریں، طلباء سے بڑی محبت وشفقت سے پیش آتے تھے۔

رحمانیہ اسکول اور جناب صالح بکران کے بغیر بابا کی زندگی کا تذکرہ ادھورا رہے گا۔

صالح بکران تایا سے تحریکی روابط پر استوار ہونے والا دوستی کا رشتہ بعد میں دو قالب ایک جان والا ہو کر رہ گیا تھا۔ غفار تایا، بکران تایا اور بابا یہ تینوں ایک مثلث کے مانند آرمور کے تحریکی سفر کے ساتھی رہے۔

اللہ سبحان تعالیٰ ان سب کو غریق رحمت کرے اور ان کی کوششوں کو قبول فرمائے۔ آمین

صالح بکران تایا کے انتقال پر قطعہ لکھا

بڑی وحشت بڑی دیوانگی محسوس کرتا ہوں
جگر میں درد آنکھوں میں نمی محسوس کرتا ہوں
روان ہے زندگی کا قافلہ رونق بھی ہے لیکن
میرے بکران بھائی کی کمی محسوس کرتا ہوں

تحریکی مصروفیات کے سبب پر زیادہ تر دوروں پر رہتے، اپنی کثیر العیالی، اور قلیل ترین آمدنی کے باجود وہ کبھی بھی دنیا کی طرف راغب نہیں ہوئے۔ عجیب درویشانہ، قلندرانہ مزاج پایا تھا۔ دنیاوی آسائشوں کی طرف نہ کبھی راغب ہوئے اور نہ اس کی طلب کی۔ وہ ہم سب کو بھی بے نیازی کا سبق دیتے تھے۔ کبھی ہم بھائی بہنوں کو کسی کے گھر کا تذکرہ کرتے ہوئے سنتے تو ناگواری کا اظہار کرتے تھے۔

رحمانیہ اسکول گویا بابا ہی کے لئے بنا تھا۔ گھر کے راستے کی تنگی کی وجہ سے ہم نے بابا کے جسد خاکی کو رحمانیہ اسکول منتقل کیا تھا۔ تاکہ ذیادہ سے ذیادہ لوگ آخری دیدار کرسکیں، انتقال کے بعد محترم لطیف مولوی صاحب، نے کہا کہ " میں نے بانیٔ مدرسہ محترم صالح بکران صاحب سے سنا تھا کہ رحمانیہ اسکول، فضل اللہ صاحب کے لئے ہی بنایا گیا تھا۔ آج وہ رحمانیہ اسکول سے ہی آخری سفر پر روانہ ہوئے، یوں لگتا ہے جیسے، صالح بکران مرحوم کی بات سچ ثابت ہوئی۔

ان کے کئی شاگرد آج تحریکِ اسلامی کے ذمہ داروں میں سے ہیں۔

اکھیل بھارتیہ ودیا پریشد (ABVP) کے مقامی تنظیم کے صدر ایک مسلمان نوجوان تھے، جناب شیخ حسین، ان کو اس تنظیم میں دیکھ کر والدِ محترم بے چین رہا کرتے تھے اور کہا کرتے تھے کہ مجھے اس نوجوان تک پہونچ کر اسکو واپس لانا ہے۔ بعد میں غالبا بابا کی کوششیوں سے وہ تحریک کے فعال رکن ثابت ہوئے۔

اکثر کہا کرتے تھے " بڑی عقیدت و محبت سے ہمارے گھر میں بھی دورِ جہالت کی تمام رسومات ہوا کرتی تھیں، مگر میرے صرف ایکبار کہنے پر والدہ محترمہ نے تمام رسومات کو یکلخت

چھوڑ دیا تھا۔

اپنے کلام میں وہ کہتے ہیں۔

کیا جو عہدِ وفا ان سے استوار رہے
خزاں کا دور ہو یا موسمِ بہار رہے
ہر ایک دور کے آذر بڑے منافق ہیں
خلیلِ وقت دے کہدو کہ ہوشیار رہے

انتقال کے وقت جنازے کے ساتھ بہت سے غیر مسلم اور پولیس محکمہ کے لوگوں نے کندھا دینے کی درخواست کی۔ غیر مسلموں نے اپنی دوکانوں کے شٹر گرا کر احتراماً باہر نکل کر کھڑے ہو گئے تھے۔ ایک بزرگ خاتون کا تبصرہ تھا: "آج آرمور خالی ہو گیا۔۔۔ مولانا آرمور کی ناک کے مانند تھے۔"

عجز و عاجزی کے ساتھ اللہ تبارک تعالیٰ سے دعا ہے کہ بابا کو جنت الفردوس میں اعلیٰ مقام عطا فرمائے۔ ان کے حسنات کو قبول فرمائے سیات کو در گزر کرے۔ ہم تمام بہن بھائیوں کو بھی ان کے پاکیزہ صفات اپنانے کی توفیق دے۔ آمین

☆☆☆

غلام نبی نصرت شطاری مرحوم

ماہرِ تعلیم، شاعر و صوفی

مجید عارف

کچھ رشتے خون سے بنے ہوتے ہیں تو کچھ رشتے آسمانی ہوتے ہیں اور کچھ ایسے رشتے بھی ہیں جنہیں انسان خود بناتا ہے۔ بعض اوقات انسان خونی رشتوں سے زیادہ انسانی رشتوں کو عزیز رکھتا ہے۔ رشتوں کی ڈور بھی سانسوں کی ڈور کی طرح نازک ہوتی ہے۔ انا کی سرکشی رشتوں کے وقار کو مجروح کرتی ہے۔ جن میں انا نہ ہو جن کی گفتگو سے خلوص واپنائیت کی خوشبو آئے۔ ایسے لوگ یقیناً دارِ فانی سے کوچ کرنے کے بعد بھی اپنے وجود کا احساس دلاتے رہتے ہیں۔

مجھے یاد نہیں کہ غلام نبی نصرتؔ شطاری صاحب مرحوم سے کب اور کہاں ملاقات ہوئی تھی؟ جب میں ہائی اسکول کا طالبِ علم تھا اور میری نگارشات روزنامہ "رہنمائے دکن" کے کالم "طلباء و نوجوانوں کا صفحہ" میں مسلسل شائع ہوا کرتی تھیں۔ اس وقت میری بہت زیادہ حوصلہ افزائی کرنے والوں میں، میرے استاذ محترم جناب سراج الدین صاحب (محکمہ ریلوے، وسابق ٹیچر فخر ملت اردو ہائی اسکول) وغلام نبی نصرت صاحب شامل تھے۔ وہ میرے مضامین پر جہاں کھل کر تعریف کرتے وہیں خامیوں کی طرف بھی اشارہ کرتے۔ ان کا مطالعہ بے حد وسیع تھا۔ سوچ میں ندرت تھی۔ ان کا اندازِ فکر مقابل کے لئے سوچ کے گہرے نقوش چھوڑتا تھا۔ ادب، سیاسیات ہو یا مذہب سیر حاصل گفتگو کرتے۔ اپنی مثبت سوچ وفکر اور پیاری شخصیت کی وجہ سے انہوں نے اپنا وسیع حلقہ چھوڑا ہے۔

موٹر سائیکل کے ایک ایکسیڈنٹ میں میرے دونوں ہاتھوں میں فریکچر آگیا تھا۔ جب انہیں یہ خبر

ملی تو مزاج پرسی کے لئے اپنے جگری دوست ،ڈاکٹر ایم اے حفیظ صاحب مرحوم (بھینسہ) کے ساتھ میرے غریب خانہ تشریف لائے تھے۔ (ڈاکٹر ایم اے حفیظ بھی ہمیں اپنے چھوٹے بھائی کی طرح عزیز رکھتے تھے)۔ عمر کے لحاظ سے بہت زیادہ فرق کے باوجود وہ دوستانہ مراسم رکھنے کے خواہشمند تھے۔ بذلہ سنجی کوٹ کوٹ کر بھری ہوئی تھی۔ شگفتگی و مزاح کا کوئی بھی موقع ہاتھ سے جانے نہیں دیتے تھے۔ ان کے انتقال کے دن، جمیل نظام آبادی، احمد پریمی، اوسط نظام آبادی، تنویر واحدی (مرحوم) جگر نظام آبادی (مرحوم) اور راقم الحروف ان کی مزاج پرسی کے لئے اسپتال گئے تو پوری شگفتگی کا مظاہرہ کیا۔ دلچسپ باتیں کیں۔ اور اپنے اشعار بھی سنائے۔

آدمی کو فرشتہ بننے دیر نہیں لگتی۔۔ بقولِ شاعر: بہت مشکل ہے آدمی کا انسان بننا۔۔۔

یہ حقیقت ہے کہ انسان مٹی سے بنا ہے۔ کچھ لوگوں کو اللہ تعالیٰ نے سوندھی مٹی سے بنایا ہے۔ اخلاص، اپنائیت، جذبہ ایثار سے گندھی یہ مٹی آدمی کو انسان بنادیتی ہے۔ اس مٹی سے بنے یہ لوگ اپنے کردار کے انمٹ نقوش چھوڑ جاتے ہیں۔ غلام نبی نصرتؔ شطاری مرحوم کا شمار بھی انہی لوگوں میں ہوتا ہے۔ اللہ تعالیٰ نے انہیں سوندھی مٹی سے ہی بنایا تھا۔ انہوں نے شہر نظام آباد میں نصف صدی تک ناقابل فراموش تعلیمی خدمات انجام دی ہیں۔ آپ ۸ سال کی عمر میں اپنے وطن موضع کامول، تعلقہ بھینسہ، ضلع عادل آباد سے نظام آباد منتقل ہوئے تھے۔ اپنی طالب علمی کے زمانے سے ہی غلام نبی نصرت صاحب اپنے ساتھیوں کو ٹیوشن پڑھایا کرتے تھے اس طرح ابتدائی دور ہی سے وہ درس و تدریس کے مقدس پیشے سے وابستہ ہو گئے۔

۱۹۶۰ء میں نیشنل انسٹیٹیوٹ کی بنیاد رکھی اور ۱۹۶۶ء میں اس کو آگے بڑھاتے ہوئے ہائی اسکول کا درجہ دیا۔ جہاں سے لاکھوں طلباء زیورِ تعلیم سے آراستہ ہوئے ہیں۔ آپ کے دل میں ملت کے نوجوانوں کے لیئے درد تھ، وہ آخری وقت تک ملت کے نونہالوں کو علم کی دولت سے فیضیاب کرتے رہے۔ آپ استاد شاعر بھی تھے اور تخلص نصرتؔ فرماتے تھے۔ آپ کی شاعری کے موضوعات اصلاح معاشرہ اور شعور بیداری رہے ہیں۔

چند اشعار ملاحظہ فرمائیں:

دل سے نفرت کے اندھیروں کو مٹانا ہے
مجھے پیار کا دیپ ہر اک دل میں جلانا ہے

مجھے جب آپ ہیں ملاح خود اس کے کیا خوف تلاطم کشتی کو
طوفان کی اٹھتی موجوں سے ساحل کا نظارہ ہو جائے

تعلیمی اور ادبی میدان کے ساتھ ساتھ غلام نبی نصرت صاحب سیاسی میدان میں بھی متحرک تھے۔ قومی وملی فلاح وبہبود کے لئے آپ ہمیشہ پیش پیش رہے۔۔ آپ سلسلہ شطاریہ کی مشہور درگاہ صوفی نگر نرمل سے وابستہ تھے۔ اس خانقاہ کے مرید و خلیفہ بھی تھے اور درگاہ کے منتظم بھی۔ انہوں نے اپنی بے لوث خدمات آخری وقت تک بخوبی انجام دیں۔
مختصر سی علالت کے بعد آپ نے جنوری ۲۰۰۲ کو اپنے خالقِ حقیقی سے جاملے۔ آپ کے ہزاروں شاگرد آج ملک وبیرون ملک ،اپنی خدمات انجام دے کر ملک و ملت کا نام روشن کررہے ہیں۔ ان کے دونوں فرزندان ذکی شطاری اورڈاکٹر رضی شطاری، مرحوم کی میراث کو بڑی خوش اسلوبی سے سنبھالے ہوئے ہیں۔ اردو، ادب اور تعلیم کے فروغ میں ان کے خدمات کی ستائش کی جارہی ہے۔

زندگانی تھی تری مہتاب سے تابندہ تر
خوب تر تھا صبح کے تارے سے بھی تیرا سفر
مثل ایوان سحر مرقد فروزاں ہو ترا
نور سے معمور یہ خاکی شبستاں ہو ترا
آسماں تیری لحد پر شبنم افشانی کرے
سبزۂ نورستہ اس گھر کی نگہبانی کرے

☆☆☆

تبسم فریدی مرحوم

ادیب صحافی وسیاستداں

مجید عارف

نام غلام غوث خان المعروف تبسم فریدی۔ مرحوم نے ۱۹۷۰ء سے لمحہ آخر تک صحافتی خدمات انجام دیں، نظام آباد کی اردو صحافت کے سرخیل اور میر کارواں تھے۔وہ ایک اچھے افسانہ نگار ادیب اور نامور اردو ہفتہ وار بلٹز کے کالم نگار بھی تھے۔ان کی تحریروں کا دامن بہت وسیع سادہ اور جذبوں کی توانائی سے بھرپور ہونے کے ساتھ ساتھ ہماری اقدار کا ترجمان بھی ہے۔ نئ نسل کے لئے ان کی شخصیت مثالی ہے۔ادب وصحافت پر آپ کا کام نئ نسل کے لئے مشعل راہ ہے۔
نظام آباد کی تہذیبی ادبی اور سماجی سرگرمیوں کے روح رواں تھے-اردو ایکشن کمیٹی کے زیر اہتمام اردو کے مسائل کے حل کی کوشش کی اور اردو کے فروغ کے لئے نمایاں خدمات انجام دیں۔ ۲۰۰۹ء میں انہیں اُردو اکیڈیمی آندھرا پردیش کی جانب سے ان کی صحافتی خدمات پر محبوب حسین جگر کارنامہ حیات ایوارڈ سے بھی نوازا گیا۔
شہر نظام آباد میں دوست احباب کے ساتھ مل کر انہوں نے اُردو کی ترقی و فروغ کیلئے اُردو ایکشن کمیٹی قائم کی جس کے بیانر تلے انہوں نے گرلز جونیئر کالج اُردو میڈیم سیکشن جو گڑھی جونیئر کالج میں منتقل کرواکر اس وقت طالبات کیلئے کلاس رومس کی بھی تعمیر کروائی تھی ساتھ ہی ارباب مجاز سے نمائندگی کرکے گورنمنٹ گری راج ڈگری کالج میں اُردو میڈیم سیکشن کے قیام کے عمل میں لانے میں فعال رول ادا کیا تھا۔

ضلع نظام آباد میں اُردو کے فروغ کی نمائندگی کیلئے پیش پیش رہتے تھے۔ اُردو روزنامہ "نظام آباد ٹائمز" آپ کی ادارت میں ۱۹۸۹ء سے جاری ہوا۔۔انہوں نے صحافت کی جو شمع روشن کی تھی وہ آج بھی کئی سال گزرنے کے باوجود ویسے ہی قائم و دائم ہے جیسے یوم آغاز پر تھی ان کے فرزند معروف صحافی جناب اشفاق احمد خان آج بھی انھی کے بتائے ہوئے اصولوں کے مطابق اخبار کو چلارہے ہیں۔

خدمات ایک نظر:

* صحافتی زندگی کا آغاز ۱۹۷۰ء سے کیا۔

* ماہانہ تفریحات ۱۹۷۰ء میں جاری کیا۔

* ۱۹۷۲ء میں ہفتہ وار اخبار "پرچم اتحاد" کا آغاز کیا جو ۱۹۸۸ء تک شائع ہوتا رہا

* یکم /جون سے ۱۹۸۹ء سے اُردو روزنامہ نظام آباد ٹائمز جاری کیا۔

* روزنامہ رہنمائے دکن حیدرآباد، بلیٹز اُردو ممبئی، منصف حیدرآباد کی بھی نمائندگی کی۔

* صحافتی زندگی کے ساتھ بھی سیاسی زندگی کا ایک طویل عرصہ انہوں نے گذارا جس میں سب سے پہلے ۱۹۷۷ء میں جنتا پارٹی کے ضلعی سکریٹری منتخب ہوئے بعد ازاں ۱۹۸۰ء میں کانگریس میں شامل ہوئے۔

* ۱۹۸۱ء میں وقف بورڈ کے تحت چلائے جانے والے سید سعد اللہ حسینی آئی ٹی آئی کے بانی سکریٹری مقرر ہونے کا بھی اعزاز حاصل ہے۔

* ۱۹۸۶ء میں مجلس اتحاد المسلمین میں شمولیت اختیار کی۔ ضلعی صدر کی حیثیت سے طویل عرصہ تک مجلس ضلع نظام آباد کی قیادت کی۔

* ۱۹۸۷ء میں وہ رکن بلدیہ بھی منتخب ہوئے۔

* آپ ۱۷/ اکتوبر ۲۰۱۳ء کو انتقال کر گئے۔

محترم تبسم فریدی صاحب (مرحوم) نہ صرف صحافیوں بلکہ مذہبی، ادبی، سیاسی سماجی حلقوں میں بھی نہایت عزت و احترام کی نظر سے دیکھے جاتے تھے، ان کے انتقال سے پیدا ہونے والا خلاء تا دیر پر نہیں ہو سکے گا۔ نظام آباد میں صحافت کی آبیاری اور حق گوئی کے باعث ان کی خدمات کو ہمیشہ یاد رکھا جائے گا۔

☆☆☆

بہادر علی راجانی مرحوم
ماہر تعلیم وبانی گولڈن جوبلی ہائی اسکول
محمد سراج الدین
(ہیڈ ماسٹر، گولڈن جوبلی ہائی اسکول، نظام آباد)

شیخ سعدیؒ نے فرماتے ہین "بچہ جو تعلیم وتربیت ابتدائی چند برسوں میں حاصل کرتا ہے، وہی اس کی زندگی کا قیمتی اثاثہ ہے۔"

تعلیم کی اہمیت ازل سے ہے اور ابد تک رہے گی خواہ وہ مذہبی نوعیت کی ہو یا دنیاوی نوعیت کی۔ علم کی اہمیت اور افادیت سے کوئی انکار نہیں کرسکتا ہے۔ علم کی وجہ سے ہی انسان کو اشرف المخلوقات کا درجہ ملا ہے۔ دین اسلام میں علم کو خاص اہمیت دی گئی ہے تاکہ انسان اپنے آپ کو اور خدائے واحد کو پہچان سکے۔ یہ سائنس وٹکنالوجی کا دور ہے۔ دینی تعلیم کے ساتھ ساتھ ہمیں عصری علوم حاصل کرنا بھی ضروری ہے کیونکہ قوموں کی ترقی کا انحصار صرف تعلیم پر منحصر ہے۔ جو معاشرہ تعلیم کی ترقی کے لئے کوشاں رہتا ہے۔ وہ معاشرہ کبھی زوال پذیر نہیں ہوسکتا۔

نظام آباد شہر کے ممتاز ماہر تعلیم جناب بہادر علی راجانی مرحوم نے بھی اپنی بے لوث تعلیمی خدمات کے گہرے نقوش چھوڑے ہیں۔ موصوف نے فراست ثابت قدمی اور غیر معمولی صلاحیتوں کی بناءنہ صرف نظام آباد ضلع بلکہ پوری ریاست میں ایک ممتاز مقام بنایاہے۔

مرحوم ایک مخلص اور بے باک شخصیت کے مالک تھے انہیں ریاضی مضمون پر کافی عبور حاصل تھا وہ سابق میں گورنمنٹ جونیر کالج فار گرلز نظام آباد کے پرنسپل کی حیثیت سے، زائد ذمہ

داریاں نبھائیں و نیز R.I.O اور D.V.E کے طور پر بھی نمایاں خدمات انجام دے چکے ہیں۔

جناب بہادر علی راجانی، نے المرتضٰی ایجوکیشنل ٹرسٹ کے چیرمین کی حیثیت سے گولڈن جوبلی ہائی اسکول اُردو اور انگلش میڈیم کے علاوہ گولڈن جوبلی جونیر کالج فار گرلز اُردو انگلش، تلگو میڈیم کا قیام عمل میں لایا۔

گولڈن جوبلی ہائی اسکول اُردو انگلش میڈیم کا شہر نظام آباد کے باوقار اور قدیم ترین تعلیمی اداروں میں شمار ہوتا ہے۔ جس کا آغاز ۱۹۴۲ء میں نظام آباد کے برکت پورہ محلہ میں ایک کرائے کے مکان میں ہوا تھا۔ اس وقت اس اسکول کا نام آغاخان اسکول تھا۔ جس کو ۱۹۵۴ ء میں اپر پرائمری اسکول کی سطح پر ترقی دیتے ہوئے مسلمہ اور ایڈیڈ اسکول کی شکل دی گئی تھی۔ بعد ازاں یہ اسکول ۱۹۸۹ء-۱۹۴۲ء کے دوران مختلف کرائے کی عمارتوں میں اپنا کام انجام دیتا رہا۔

بہادر علی راجانی کی خصوصی نگرانی میں آغاخاں اپر پرائمری اسکول ء۱۹۸۴ میں ہائی اسکول میں تبدیل کر دیا گیا۔ ابتداء میں مدرسہ ہذا میں صرف ۹ ایڈیڈ اساتذہ خدمات انجام دیتے تھے، مرحوم کی کاوشوں اور انتھک جھد وجہد سے مزید ۷ ۲ ایڈیڈ اساتذہ کی جائیدایں منظور ہوئیں اسکے علاوہ کئی ان ایڈیڈ اساتذہ اور معلمین خدمات انجام دے رہے ہیں۔ یہ تعلیمی ادارے کشادہ و ہمہ منزلہ عمارتوں میں کام کررہے ہیں۔ اس اسکول کے قیام کے ۵۰ سالہ تکمیل پر المرتضٰی ایجوکیشنل ٹرسٹ کی جانب سے آغاخان ہائی اسکول کو گولڈن جوبلی ہائی اسکول کے نام سے موسوم کر دیا گیا۔ ۱۹۹۰ء سے ۲۰۰۷ء تک گولڈن جوبلی ہائی اسکول اُردو میڈیم کا ایک ایک کلاس کے پانچ سکیشنس، اے۔ بی۔ سی۔ڈی میں ہزاروں طلبا و طالبات زیر تعلیم رہے۔ ان تعلیمی اداروں میں تعلیمی، تہذیبی اور اخلاقی اقدار کو فروغ دیا جاتا ہے۔

بہادر علی راجانی صاحب مرحوم نے آندھرا پردیش حکومت کی جانب سے ۹ اگست ۲۰۰۲ء کو خصوصی احکامات ۵۸۶۶/CMP/۲۰۰۲ کے تحت نظام آباد میں واقع قلعہ روڈ پر ایک

عمارت میں خانگی طور پر گولڈن جوبلی گرلز جونیر کالج کی اجازت حاصل کی۔
یہ تعلیمی سہولتوں کے اعتبار سے ریاست تلنگانہ کا پہلا اقلیتی جونیر کالج ہے جہاں تین میڈیم اُردو، تلگو، انگلش کے ذریعہ پانچ (MPC, BPC, MEC,CEC,HSE) گروپس، اور ۵ سیکنڈ لینگویجس (اردو، عربی، تلگو، ہندی، سنسکرت) کی سہولتیں دستیاب ہیں۔ ان مختلف تعلیمی اداروں کے قیام سے آج تک ہزاروں کی تعداد میں طلبا وطالبات فارغ تحصیل ہوئے۔ جو ملک اور بیرون ملک کے اہم عہدوں پر فائز ہو کر ملک وملت کا نام روشن کر رہے ہیں۔ یہ تمام تعلیمی ادارے نظام آباد مستقر پر کم فیس اور معیاری تعلیم کے فروغ کے لئے ہمشی کوشاں رہے ہیں۔
جناب بہادر علی راجانی ناسازی طبعیت کے باعث ۹/مارچ ۲۰۱۷ء کو اس جہان فانی سے کوچ کر گئے۔ مرحوم کو اسلامی تعلیمات پر کافی عبور حاصل تھا وہ فرقہ اسماعیلیہ کے مبلغ کے طور پر بھی کافی مشہور تھے۔۔ اس وقت ان کے چھوٹے فرزند نادر شاہ راجانی جو ایک تعلیم یافتہ حرکیاتی شخصیت کے حامل ہیں، اپنے والدِ محترم کے نقش قدم پر چلتے ہوئے اس تعلیمی مشن کو عام کرنے کی جدوجہد میں لگے ہوئے ہیں۔ جن کی سرپرستی میں گولڈن جوبلی ہائی اسکول اُردو اور انگلش میڈیم بے لوث خدمات انجام دے رہے ہیں۔
ان تعلیمی اداروں کے زیر اہتمام ہر سال مختلف مقابلوں کا انعقاد عمل میں لایا جاتا ہے، سیرت نبیؐ، یوم تعلیم اور سالانہ جلسہ بھی اسکول کے احاطہ میں منعقد کئے جاتے ہیں۔ جس میں نظام آباد شہر سے وابستہ علما اکرام سیاسی، سماجی، قائدین اور دانشوروں کو مدعو کیا جاتا ہے۔ جن میں قابل ذکر زاہد علی خان صاحب ایڈیٹر روزنامہ " سیاست "اور کے یم خان مرحوم سابقہ ممبر آف پارلیمنٹ ہیں۔

☆☆☆

جمیل نظام آبادی مرحوم

"ہر ذرہ آفتاب ہے"

ڈاکٹر محمد اسلم فاروقی

غزل کو اردو شاعری کی آبرو کہا گیا ہے۔ اور اس آبرو کو بڑھانے اور غزل کے گیسو سنوارنے کا کام ہر دور میں اردو شعرا نے کیا ہے۔ اردو غزل کا سفر آج بھی جوش و خروش سے جاری ہے اور بلالحاظ مذہب وملت، زبان اور تہذیب اردو غزل نے اپنے تغزل اور بانکپن سے لوگوں کا دل جیتا ہے۔ اردو غزل کے کارواں میں روایت کی پاسداری کرنے اور عصری حسیت کا امتزاج رکھنے والے ایک اہم شاعر جمیل نظام آبادی ہیں۔ جمیل نظام آبادی جنوبی ہند کے علاقہ تلنگانہ کے شہر اردو، نظام آباد سے اٹھنے والی اردو غزل کی ایک معتبر آواز ہے۔ اپنی غزلوں پر مشتمل چھٹے شعری مجموعے "حرف و سخن" کے ساتھ پیش ہو رہے ہیں۔ اس سے قبل ان کے دیگر شعری مجموعے "سلگتے خواب "۱۹۷۸ "تجدید آرزو"۱۹۸۵ء، صبر جمیل ۱۹۹۳ء دل کی زمین ۲۰۰۴ء سب سخن میرے، ۲۰۰۹ء شائع ہو کر ادبی حلقوں میں مقبول ہو چکے ہیں ساتھ ہی نثری مجموعہ "حروف جمیل "۲۰۰۶ء شائع ہوا ہے۔ وہ گذشتہ چالیس سال سے ادبی رسالہ "گونج" بھی نکال رہے ہیں۔ جو ان کی ادبی صحافت کی پختہ کاری کو ظاہر کرتا ہے۔ اور اپنے دعوی

اور پھیلوں گا جو لوٹاؤ گے آواز میری
اتنا گونجوں کا صدیوں کو سنائی دوں گا

کے مصداق بڑی آب و تاب کے ساتھ اردو ادب کی خدمت کر رہا ہے۔ جمیل نظام آبادی کے

سابقہ اور موجودہ شعری مجموعے کے مطالعے سے واضح ہوتا ہے کہ وہ اردو غزل کی رسمیات سے واقف ہیں۔ اور عشق کے روایتی بیان کے ساتھ عصر حاضر کے مسائل سے آگاہ ہیں۔ وہ اپنے عہد کے ترجمان ہیں۔ انہوں نے عہد کے نشیب و فراز کا گہرا مطالعہ کیا اور انہیں اپنے اشعار میں ڈھالا۔ زندگی کا مطالعہ جمیلؔ نظام آبادی کی شاعری کا اہم وصف ہے۔ ادب کو زندگی کا ترجمان کہا گیا ہے۔ شاعر اپنے عہد کی پیداوار ہوتا ہے۔ وہ ایک تخلیق کار ہوتا ہے۔ عام آدمی سے اوپر اٹھ کر وہ زندگی کے تجربات کو محسوس کرتا ہے اور انہیں شعر کے سانچے میں ڈھالتا ہے۔ جمیلؔ نظام آبادی کی مخصوص لفظیات بھی انہیں صاحب طرز شاعر بناتی ہے۔ ان کے کلام میں زندگی، پتھر، آئینہ، دریا، سمندر جیسے الفاظ استعاروں کے طور پر استعمال ہوئے ہیں اور ان کی شناخت بن گئے ہیں۔ خود شاعر نے زندگی کے نشیب و فراز دیکھے ہیں اور اس کا اثر محسوس کیا ہے تب ہی تو زندگی کا بیان ان کی شاعری پر چھایا ہوا دکھائی دیتا ہے۔ ملاحظہ ہو "حرف و سخن" سے جمیلؔ صاحب کے زندگی سے متعلق کچھ اشعار۔

اپنے وعدے پہ میں قائم ہوں ابھی تک مگر
زندگی تو نے مرا ساتھ نبھایا ہی نہیں
کھلی کتاب سی ہے زندگی مگر پھر بھی
اسے پڑھانے میں پڑھنے میں اک زمانہ لگے
جانتے ہیں ہم یہ کتنی قیمتی ہے دوستو
زندگی مشکل سہی پر زندگی ہے دوستو
لوگ اوب جاتے ہیں چار دن کے جینے سے
ہم گزار آئے ہیں زندگی قرینے سے
بے بھروسہ ہے بے وفا ہے تو
زندگی تجھ سے پیار مشکل ہے

جمیلؔ صاحب نے پتھر کے استعارے کو زندگی کی مشکلات اور مسائل کے طور پر استعمال کیا ہے۔ اور زندگی کا مثبت نظریہ رکھتے ہوئے انہوں نے مسائل کا عزم و حوصلے کے ساتھ سامنا کرنے کی بات کی ہے۔ ورنہ اکثر لوگ حالات کا شکوہ کرتے ہیں اور مایوسی کا اظہار کرتے ہیں جب کہ جمیلؔ صاحب نے اپنی شاعری کے ذریعے سماج کو روشنی دکھائی ہے اور لوگوں کو حالات کا سامنا کرنے کے لئے تیار کیا ہے۔ پتھر سے متعلق جمیلؔ صاحب کے اشعار ملاحظہ ہوں:

عزم و ہمت اور جوانی دیکھئے
ہو گیا پتھر بھی پانی دیکھئے

ہر بار لگا آ کے ترے ہاتھ کا پتھر
ٹوٹا ہی نہیں پھر بھی مری ذات کا پتھر

تم کو بننا ہے تو بن جایئے پتھر والے
ناز ہے ہم کو کہ ہم لوگ تو ہیں سر والے

لوگ پتھر اٹھائے پھرتے ہیں
اور ہم سر اٹھائے پھرتے ہیں

جمیلؔ نظام آبادی کی شاعری میں حالات کے کرب کے بیان کے ساتھ حسن و عشق کے روایتی موضوعات بھی فنکاری کے ساتھ ملتے ہیں۔ اور اس بیان میں شاعر کا اسلوب عاشقانہ ماحول پیدا کر دیتا ہے۔ جمیلؔ صاحب کہتے ہیں۔

نام مہندی سے لکھا لکھ کے مٹایا ہی نہیں
ایسا لگتا ہے مجھے اس نے بھلایا ہی نہیں

اس کی باتیں مرے کانوں میں ابھی بجتی ہیں
اس نے کاندھوں پہ رکھا سر تو اٹھایا ہی نہیں

میں اکیلا ہی چلا پیار کی راہوں پہ جمیلؔ

دو قدم ساتھ مرے کوئی بھی آیا ہیں نہیں

عشق اردو غزل کا اہم موضوع رہا ہے۔ اور یہ مجاز سے حقیقت تک سفر کراتا ہے۔ جمیلؔ نظام آبادی جیسے پختہ کار شاعر نے بھی اس موضوع کو اپنے انداز میں پیش کیا ہے۔ اور قاری کو اپنے ساتھ عشق کے صحرا کی سیر کرائی ہے وہ کہتے ہیں:

محبت تری دنیا کا عجب دستور ہوتا ہے
جو دل کے پاس ہوتا ہے نظر سے دور ہوتا
اک پل بھی قرار مشکل ہے
دل پہ اب اختیار مشکل ہے
عشق میں تیرے اگر خاک ہوا ہوں میں بھی
ہاں مگر صاحب ادراک ہوا ہوں میں بھی

شاعر عشق حقیقی میں ڈوبا ہوا ہے۔ اور وہ اپنے خالق کی قدرت کو پہچانتا ہے۔ اور اپنے سچے رہبر و ہادی حبیب ﷺ کے سراپا کے بیان کو اپنا جزوِ ایمان سمجھتا ہے۔ چنانچہ جمیلؔ صاحب کی غزلوں میں جابجا حمدیہ و نعتیہ اشعار بھی ملتے ہیں۔ جیسے:

ہواؤں پر بھی حکومت چلا رہا ہے کوئی
سمندروں میں بھی رستے بنارہا ہے کوئی
وگر نہ دیکھئے میری بساط ہی کیا ہے
میں لکھ رہا ہوں مسلسل لکھا رہا ہے کوئی
ایسا پر نور سراپا تھا مرے آقا کا
جن کا پر تو نہیں جن کہیں سایا ہی نہیں

جمیلؔ صاحب کے اکثر اشعار حالات حاضرہ کی تصویر کشی کرتے ہیں۔ اور قاری کو شعر پڑھتے

ہیں ساری کیفیت معلوم ہو جاتی ہے۔ جیسے:

میں کیسے مان لوں ہندوستان سونے کی چڑیا ہے
مرے بچے کے ہاتھوں میں مٹی کا کھلونا ہے
ایسے بھی لوگ ہیں جو بھوک سے بلکتے ہیں
اور کچھ تو ایسے ہیں کھیلتے ہیں ہیروں میں
دیکھو تو فلسطین کا وہ ننھا سپاہی
پتھر ہے کوئی ہاتھ ہتھیار نہیں ہے
دس بیٹوں کو پالا ہے جواں میں نے کیا ہے
اب کوئی مجھے پالنے تیار نہیں ہے
اپنی بہو کے بارے میں کہنا نہیں مجھے
مجھ کو یہ کہنا ہے مرا بیٹا بدل گیا ہے

جمیلؔ نظام آبادی نے اپنے اشعار میں کہیں کہیں تلمیحات بھی استعمال کی ہیں اور سارے تاریخی واقعہ کو ایک لفظ میں بیان کیا ہے وہ کہتے ہیں: اس سفر نے سمت دی ہے تاریخ اسلام کو وہ بہتر ۷۲ ناتواں بھوکوں کا پیاسوں کا سفر چھوٹی بحر میں جمیلؔ صاحب نے روانی کے ساتھ اپنی بات پیش کی ہے۔ اور ان کی اس طرح کی غزلوں میں ترنم کا بھی احساس ہوتا ہے۔

لوٹ آیا نہیں ہرا موسم
چھوڑ کر جو گیا گیا موسم
یہ میرا حوصلہ میرا ارادوہ ہے
مرے رستے میں سایہ کر رہا ہے
روشنی کی کسے ضرورت ہے
بے سبب گھر جلا کے پچھتائے

ایک پل بھی قرار مشکل ہے
دل پہ اب اختیار مشکل ہے

مجموعی طور پر جمیلؔ نظام آبادی کا یہ شعری مجموعہ غزل کے شائقین کے لئے بیش قیمت ادبی سرمایے سے کم نہیں۔ کلام میں روانی اور الفاظ کا بر محل اور مناسب استعمال شاعر کے کمال کا غماز ہے۔ اس شعری مجموعے میں شاعری کی دیگر اصناف نظم۔ رباعی وغیرہ کی کمی محسوس ہوتی ہے۔ لیکن یہ بھی ایک سلیقہ ہے کہ ایک مجموعہ صرف غزلوں پر مشتمل ہو۔ "حرف و سخن" کی اشاعت پر میں جناب جمیلؔ نظام آبادی صاحب کو مبارک باد پیش کرتا ہوں۔ اور امید کرتا ہوں کہ اچھی شاعری کے چاہنے والے اس مجموعہ غزل کا خیر مقدم کریں گے۔ اور یہ بھی امید ہے کہ جمیلؔ صاحب کی شاعری کا سفر یوں ہی جاری رہے اور وہ اپنی غزل کائنات سے اردو شاعری کا دامن وسیع کرتے رہیں۔

☆☆☆

ڈاکٹر محمد اسلم فاروقی

فروغ تعلیم اور اردو کو ٹیکنالوجی سے مربوط کرنے میں اہم خدمات

سعدیہ سلیم شمسی

مت سہل ہمیں جانو پھرتا ہے فلک برسوں
تب خاک کے پردے سے انساں نکلتے ہیں

میر تقی میر نے یہ شعر ہر زمانے میں اس دنیا میں پیدا ہونے والی چند نابغہ روز گار شخصیات کے بارے میں کہا تھا۔ یہ وہ شخصیات ہوتی ہیں جن کے علم و فضل اور کارناموں سے دنیا فیضیاب ہوتی ہے۔ یہ دنیا کا قانون ہے کہ جب کوئی نابغہ روز گار شخصیت دنیا سے گذر جاتی ہے تو اس کے خلا کو کوئی دوسری شخصیت پر کرنے کی کوشش کرتی ہے۔ نئی نسل پرانی نسلوں کی وراثت کو آگے بڑھاتی ہے۔ آج بھی ہمارے سماج اور معاشرے میں ایسے نوجوان ہیں جن کی علمی قابلیت اور ان کے کارنامے اس قابل ہیں کہ وہ اپنے ورثا کے کارناموں کو آگے بڑھا سکیں۔ میر کے مذکورہ بالا شعر کے حوالے سے قارئین کو ایک ایسی شخصیت سے متعارف کرانے کا موقع مل رہا ہے جو دینی مدرسے کے فارغ ہیں۔ حفظ قرآن کی سعادت حاصل کی۔ لیکن انہوں نے دنیاوی تعلیم کے اعلی مدارج طے کئے اردو میں ڈاکٹریٹ کی ڈگری حاصل کی۔ زمانے کے تقاضوں سے ہم آہنگ ہوتے ہوئے پبلک سروس کمیشن کا امتحان کامیاب کیا۔ جونیر لیکچرر اردو کی جائیداد پر منتخب ہوئے اور بعد ترقی اب اسسٹنٹ پروفیسر اردو اور این ٹی آر ڈگری کالج محبوب نگر کے وائس پرنسپل کے عہدے پر فائز ہیں۔ تعلیم کو عام کرنا اور ٹیکنالوجی کو استعمال کرتے ہوئے اردو

زبان کو فروغ دینے کے علاوہ انہوں نے بہت سے کارہائے نمایاں انجام دیئے ہیں۔ جو آج کے طالب علموں کے لیے مشعل راہ ثابت ہوں گے۔

ڈاکٹر محمد اسلم فاروقی ۱۳دسمبر ۱۹۶۹ء کو تلنگانہ کے ضلع نظام آباد کے ایک متوسط علمی گھرانے میں پیدا ہوئے۔ ان کے دادا اسماعیل فاروقی اور نانا سید داؤد رحمٰن مرحوم نظام آباد کی معروف شخصیات تھیں۔ ان کے والد محمد ایوب فاروقی صابر ایمپلائمنٹ آفیسر کے عہدے پر فائز رہے۔ وہ ایک اچھے سنجیدہ شاعر اور ادیب تھے۔ ان کا شعری مجموعہ " آخر شب کے ہمنشین" ادبی حلقوں میں کافی مقبول ہوا۔ ان کے بڑے بھائی ڈاکٹر محمد احسن فاروقی پرنسپل نظامیہ طبی کالج حیدرآباد اور ایڈیشنل ڈائرکٹر محکمہ آیوش حکومت تلنگانہ ہیں۔ جو ساری دنیا میں حجامہ طریقہ علاج کو فروغ دینے کے لیے جانے جاتے ہیں۔ ان کے چاچاؤں میں محمد اصغر فاروقی، محمد اظہر فاروقی، محمد امجد فاروقی اور محمد انیس فاروقی سبھی نے مختلف شعبہ ہائے حیات میں نمایاں کارکردگی انجام دی ہے اور انہیں علمی ماحول حاصل ہوا۔ محمد اسلم فاروقی کی ابتدائی تعلیم نظام آباد کے مشہور اردو میڈیم اسکولوں آغاخان (گولڈن جوبلی) اسکول اور قلعہ گورنمنٹ ہائی اسکول میں ہوئی۔ ۱۹۸۵ء میں انہوں نے میٹرک کا امتحان درجہ اول میں کامیاب کیا۔ اور ضلع نظام آباد میں سرفہرست رہے جس پر وہاں کی انجمنوں نے انہیں ایوارڈ دیا۔ آغاخان اسکول کے ان کے اساتذہ میں جناب رشید صاحب، جناب مظہر فاروقی صاحب، جناب یعقوب صاحب، جناب جبار صاحب، جناب ماجد صاحب، جناب فہیم صاحب، میمونہ ٹیچر، حبیبہ ٹیچر، نکہت ٹیچر اور اقبال ٹیچر شامل تھے۔ جب کہ ان کے ہائی اسکول کے اساتذہ میں جناب قادر صاحب، جناب نجم الدین صاحب، جناب معز صاحب، جناب غفار صاحب، جناب افتخار صاحب اور محترمہ شمیم سلطانہ صاحبہ شامل تھیں۔ محمد اسلم فاروقی نے نظام آباد کے مشہور عالم دین حافظ عرفان احمد مرحوم کے قائم کردہ مدرسہ حفاظ سے حفظ قران کی تعلیم کا آغاز کیا۔ اور پھر اعلی تعلیم کی غرض سے

حیدر آباد منتقل ہوگئے۔ جہاں انہوں نے حیدرآباد کے مشہور عالم دین اور بزرگ شخصیت مولانا جمال الرحمٰن مفتاحی کے زیر نگرانی مدرسہ روضۃ العلوم ٹولی چوکی سے حفظ قرآن کی تکمیل کی۔ اپنے استاد کے ساتھ شمالی ہند کے دینی مدارس مظاہر العلوم سہارنپور، دارالعلوم دیوبند کا دورہ کیا۔ اس دوران دور قران کے لئے وہ کچھ عرصہ حضرت شاہ ابرارالحق صاحب دامت برکاتہم کے شہرہ آفاق دینی مدرسے اشرف المدارس ہردوئی ضلع یوپی میں بھی رہے اور وہاں تجوید قران کی تعلیم حاصل کی۔ اس موقع پر انہیں حضرت شاہ ابرارالحق صاحب دامت برکاتہم کی علمی مجالس سے استفادے کا موقع بھی ملا۔

حیدرآباد واپسی کے بعد اپنے والد کے مشورے پر کہ دینی مدرسے کے طالب علم کو دنیاوی علوم بھی حاصل کرنے چاہئیں، انٹر میڈیٹ کا امتحان کامیاب کیا۔ اور اورینٹل ایوننگ کالج وجے نگر کالونی سے بی اے کامیاب کیا۔ جہاں ہاشم حسن سعید، عزیز ابرار، ڈاکٹر فاطمہ، سعیدہ بیگم وغیرہ ان کے اساتذہ تھے۔ اس دوران یونیورسٹی آف حیدرآباد کے ادبی مقابلوں میں انہوں نے حصہ لیا اور مزاحیہ مضمون نویسی مقابلے میں انعام اول حاصل کیا۔ یونیورسٹی کے اساتذہ سے متاثر ہوکر اسی یونیورسٹی سے علی تعلیم حاصل کرنے کا فیصلہ کیا۔ بی ایڈ کے انٹرنس میں اچھا رینک آنے کے باوجود ایم اے کرنے کا فیصلہ کیا۔ عثمانیہ اور حیدرآباد یونیورسٹی کے ایم اے اردو کے انٹرنس امتحانات لکھے۔ ور دونوں میں سر فہرست رہے۔ تاہم یونیورسٹی آف حیدرآباد سے ۱۹۹۲ء میں ایم اے اردو کیا۔ جماعت میں سر فہرست رہنے پر انہیں پی جی گولڈ میڈل مسٹر کرشن کانت کے ہاتھوں عطا کیا گیا۔ امریکی ادارہ سی سی آئی ایم کے ایک تحریری مقابلے میں انعام اول حاصل کیا۔ جس پر انہیں ۳۰۰ امریکی ڈالر انعام میں ملے۔

اسی دوران محمد اسلم فاروقی اخبارات میں مضامین لکھنے لگے تھے اور آل انڈیا ریڈیو حیدرآباد کے یواوانی پروگراموں میں حصہ لینے لگے تھے۔ یونیورسٹی میں ان کے اساتذہ میں پروفیسر ثمینہ شوکت، پروفیسر سیدہ جعفر، پروفیسر مجاور حسین رضوی، پروفیسر محمد انور الدین، ڈاکٹر رحمت

یوسف زئی، ڈاکٹر حبیب نثار اور دیگر اساتذہ شامل رہے۔
محمد اسلم فاروقی نے نامور محقق پروفیسر محمد انورالدین کے زیر نگرانی "عزیز احمد کی ناول نگاری کا تنقیدی جائزہ" موضوع پر ایم فل اور "حبیب حیدرآبادی فن اور شخصیت" موضوع پر پی ایچ ڈی کی ڈگری امتیازی نشانات سے حاصل کی۔ یونیورسٹی کانوکیشن کے موقع پر انہوں نے اس وقت کے وزیر فینانس مسٹر پی چدمبرم کی موجودگی میں سابق چیف جسٹس آف انڈیا مسٹر وینکٹ چلیا کے ہاتھوں ڈاکٹریٹ کی ڈگری حاصل کی۔ انہوں نے لیکچرر شپ کے لیے لازمی امتحانات نیٹ کو یو جی سی اور پبلک سروس کمیشن اے پی سے کامیاب کیا۔ حیدرآباد کے خانگی اسکولوں لیڈنگ ہائی اسکول گولکنڈہ اور مکہ ہائی اسکول ٹولی چوکی میں عارضی ملازمت کی۔ ۱۹۹۶ء میں ان کی شادی ہوئی ان کے خسر جناب سید اکرام علی صاحب اڈمنسٹریٹیو آفیسر موظف حیدرآباد میں دعوتی کام کے ذمے دار ہیں۔ ۱۹۹۶-۹۷ کے دوران کچھ عرصہ ہمارا عوام اور روزنامہ سیاست کے سب ایڈیٹر رہے۔ جہاں ان کی قلمی صلاحیت میں نکھار پیدا ہوا۔ روزنامہ سیاست میں انہوں نے نامور صحافیوں جبار صدیقی، شاہد عظیم، معراج مرزا اور خالد قادری کے زیر نگرانی کام کیا اور صحافت میں مہارت حاصل کی۔

انہوں نے غیر مقامی امیدوار کے طور پر اردو پنڈٹ امتحان کامیاب کیا جس کی بنیاد پر ان کا تقرر گولکنڈہ ہائی اسکول میں ۱۹۹۷ میں ہوا۔ گیارہ ماہ ملازمت کے بعد جونیر لیکچرر کے ریاستی پبلک سروس کمیشن امتحان میں کامیابی پر ۲۰ اگسٹ ۱۹۹۸ کو ان کا تقرر بہ حیثیت جونیر لیکچرر اردو گورنمنٹ جونیر کالج ناگر کرنول پر ہوا۔ جہاں انہوں نے ۶ سال خدمات انجام دیں۔ وہاں دوران قیام انہوں نے فروغ اردو اور فروغ تعلیم کے لئے کام کیا۔ روزنامہ سیاست کے اردو امتحانوں کے انعقاد اور پرچوں کی جانچ وغیرہ کاموں بڑھ چڑھ کر حصہ لیتے رہے۔ ناگر کرنول میں طلباء کا ایک ایسا گروپ تیار کیا جنہوں نے مختلف مضامین میں پوسٹ گریجویشن تک تعلیم

حاصل کی اور یہ طلباء آج مختلف کالجوں میں لکچرر کے فرائض انجام دے رہے ہیں۔ ڈاکٹر محمد اسلم فاروقی کو بہتر تعلیمی نتائج حاصل کرنے پر بورڈ آف انٹر میڈیٹ ایجوکیشن حیدر آباد نے بیسٹ لکچرر کا ایوارڈ دیا۔ ناگر کرنول میں قیام کے دوران ڈاکٹر محمد اسلم فاروقی نے روز نامہ سیاست میں مختلف موضوعات پر دینی، معلوماتی، علمی اور سائنسی موضوعات پر مضامین لکھے۔ ان کے یہ مضامین بعد میں کتابی شکل میں "قوس قزح" کے نام سے شائع ہوئے۔ اس کتاب کی اشاعت پر اردو اکیڈیمی آندھرا پردیش نے رقمی تعاون کیا اور بعد میں کتاب کو ایوارڈ کے لئے بھی منتخب کیا۔

اردو کی ایک نئی نسل کی تیاری کے بعد ڈاکٹر محمد اسلم فاروقی کا تبادلہ سنگاریڈی ضلع میدک ہوا۔ وہاں دو سال ملازمت کے بعد ۲۰۰۶ء میں اپنی ملازمت کے آٹھ سال کی تکمیل پر ہی ڈاکٹر محمد اسلم فاروقی کو ڈگری کالج پر اسسٹنٹ پروفیسر اردو کے عہدے پر ترقی ملی۔ اور ان کا تبادلہ گورنمنٹ ڈگری کالج ظہیر آباد پر ہوا۔ وہاں ان کی تنظیمی صلاحیتوں کو دیکھتے ہوئے انہیں کالج کا اکیڈیمک کو آرڈینیٹر مقرر کیا گیا۔ وہ عثمانیہ یونیورسٹی کے بورڈ آف اسٹڈیز کے رکن نامزد کئے گئے۔ اور بہ حیثیت چیف سپرنٹنڈنٹ انہوں نے ڈگری سالانہ امتحانات کی نگرانی کی۔ ظہیر آباد میں طالب علموں کا ایک وسیع حلقہ تیار کیا۔ ان کے ایک شاگرد محمد محبوب اردو کے مشہور مضمون نگار ہیں جن کے مضامین روزنامہ منصف کے ادارتی صفحہ پر پابندی سے شائع ہوتے ہیں۔

ڈاکٹر محمد اسلم فاروقی نے ظہیر آباد کے طلباء کو مولانا آزاد اردو یونیورسٹی کا دورہ کرایا اور کئی طلباء کامرس اور دیگر مضامین میں پوسٹ گرائجویشن کرنے کے بعد اعلیٰ عہدوں پر فائز ہیں۔ وہ گورنمنٹ ڈگری کالج ظہیر آباد پر ۲۰۰۵ء تا ۲۰۱۲ فائز رہے۔ سرکاری ملازمت میں ملازمین کے تبادلے ہوتے رہتے ہیں۔ چنانچہ جولائی ۲۰۱۲ء میں ڈاکٹر محمد اسلم فاروقی کا تبادلہ گری راج

گورنمنٹ کالج نظام آباد ہوا۔ جہاں انہوں نے۲۰۱۸ءتک صدر شعبہ اردو کی حیثیت سے خدمات انجام دیں۔ اپنے وطن نظام آباد میں انہوں نے فروغ اردو کی کافی خدمات انجام دیں۔ نوجوان ریسرچ اسکالرز کی رہبری کے لیے اردو اسکالرس اسوسی ایشن کا قیام عمل میں لایا۔ جس کی سرپرستی کرتے ہوئے اس وقت کے تلنگانہ یونیورسٹی کے وائس چانسلر پروفیسر اکبر علی خان نے اس اسوسی ایشن کے لیے کتابوں کی خریداری کے لیے ۱۰ہزار روپے کا عطیہ دیا۔ اس اسوسی ایشن نے نظام میں کئی یادگار ماہانہ ادبی اجلاس مقرر کئے۔ اور نوجوان ریسرچ اسکالرز کی رہنمائی کی۔

ڈاکٹر محمد اسلم فاروقی نے گری راج کالج نظام آباد میں پہلی مرتبہ ایک یادگار قومی اردو سمینار" اکیسویں صدی اردو ادب چیلنجز اور ان کا حل" منعقد کیا۔ دوروزہ سمینار میں پروفیسر محمد انور الدین، ڈاکٹر محمد نسیم الدین فریس، ڈاکٹر مظفر شہ میری، ڈاکٹر مجید بیدار، ڈاکٹر فضل اللہ مکرم اور دیگر اسکالرس نے شرکت کی۔ اس سمینار کے موقع پر ایک مشاعرہ منعقد کیا گیا جس میں ڈاکٹر محسن جلگانوی کے علاوہ نظام آباد کے نامور شعرا نے کلام سنایا۔

قومی کونسل برائے فروغ اردو زبان کے تعاون سے انہوں نے ۲۰۱۴ءمیں دوسرا قومی اردو سمینار بہ عنوان "اردو ادب تہذیبی قدریں ماضی حال اور مستقبل "منعقد کیا۔ جس میں پروفیسر خالد سعید، ڈاکٹر فاضل حسین پرویز، ڈاکٹر معید جاوید اور دیگر اسکالرز نے شرکت کی۔ اس سمینار کی خاص بات یہ رہی کہ ماہر اقبالیات اور فیض ڈاکٹر تقی عابدی نے ذریعے اسکائپ ویڈیو کالنگ کناڈا سے براہ راست سمینار کے شرکاء سے خطاب کیا۔ اردو میں اس طرح کے آن لائن لیکچرز منعقد کرنے کی ابتداءڈاکٹر محمد اسلم فاروقی نے کی۔ اس آن لائن لیکچر کے کامیاب تجربے کے بعد ڈاکٹر محمد اسلم فاروقی نے محبوب نگر کے ایم وی ایس ڈگری کالج پر براہ راست لیکچر دیا۔ محترمہ عذرا بانو نے علی گڑھ سے لیکچر دیا۔ ڈاکٹر بی بی رضا خاتون نے حیدرآباد سے اور سعدیہ سلیم نے آگرہ سے اسی سہولت کو استعمال کرتے ہوئے آن لائن لیکچر دیئے۔

مولانا آزاد اردو یونیورسٹی کے اردو اساتذہ ریفریشر کورس میں ڈاکٹر محمد علی اثر صاحب کے لیکچر کے لیے ڈاکٹر محمد اسلم فاروقی نے تکنیکی معلومات فراہم کیں۔ اس طرح اردو اساتذہ کو انہوں نے دنیا کے کسی بھی حصے سے آن لائن لیکچرز کے لیے راہ دکھائی۔ ڈاکٹر محمد اسلم فاروقی نے گری راج کالج کے دونوں قومی سمیناروں میں کنوینر کے فرائض انجام دئے اور سوشل میڈیا اور انٹرنیٹ پر ان سمیناروں کی روداد کو بھرپور طریقے سے پیش کی۔

ڈاکٹر محمد اسلم فاروقی نے اردو ادب سے تو تعلیم حاصل کی۔ لیکن انہیں انگریزی زبان پر بھی کافی عبور ہے۔ ان کی اسی صلاحیت کو دیکھتے ہوئے کالج کے پرنسپل پروفیسر لمبا گوڑ نے انہیں گری راج کالج کے شعبہ انگریزی کی صدارت سونپی۔ جسے انہوں نے بخوبی انجام دیا اور اپنے دور صدارت میں انہوں نے کالج میں تیسرا قومی سمینار انگریزی میں "انگریزی ادب کے فروغ میں ہندوستانی ادیبوں کا حصہ ۲۰۱۵۔ منعقد کیا۔ وہ اس کامیاب سمینار کے کنوینر رہے۔ اس سمینار کے مہمان خصوصی تلنگانہ یونیورسٹی کے وائس چانسلر مسٹر سی پارتھا سارتھی آئی اے ایس تھے۔ اس سمینار کے کامیاب انعقاد پر مختلف جامعات کے اساتذہ نے ڈاکٹر محمد اسلم فاروقی کو مبارکباد پیش کی۔ ڈاکٹر محمد اسلم فاروقی کے زیر نگرانی گری راج کالج میں منعقد ہونے والے تینوں سمیناروں میں پڑھے گئے مقالوں پر مشتمل سوونیر کے انہوں نے ترتیب دے کر شائع کیا اور انہیں انٹرنیٹ سے دنیا بھر کے قارئین کے ذوق کے لئے پیش کیا۔

ڈاکٹر محمد اسلم فاروقی نے گری راج کالج میں ضامن روزگار موضوع "پرنٹ و الیکٹرنک میڈیا تعارف" پر ایک روزہ ورکشاپ۔ ۲۰۱۵ منعقد کیا۔ اس ورکشاپ میں ای ٹی وی نیوز اینکر سید احمد جیلانی، نامور صحافی مصطفی علی سروری، ڈاکٹر فضل اللہ مکرم اور دیگر نے شرکت کی۔ اور طلباء کو پرنٹ و الیکٹرانک میڈیا میں روزگار کے مواقع کے بارے میں آگاہ کیا۔ انہوں نے ایک اور ورکشاپ "ترجمہ نگاری کا فن" کے عنوان سے ۲۰۱۷ء میں منعقد کیا۔ جس میں مولانا آزاد اردو یونیورسٹی کے شعبہ ترجمہ کے اساتذہ ڈاکٹر فہیم الدین احمد اور ڈاکٹر جنید ذاکر

اور دیگر نے شرکت کی۔ڈاکٹر محمد اسلم فاروقی نے سمیناروں کی نظامت کے تجربات سے دوسروں کو مستفید کرتے ہوئے تلنگانہ یونیورسٹی ،بودھن، محبوب نگر، ظہیر آباد اور حیدرآباد کے ڈگری کالجوں میں قومی اردو سمیناروں کے لئے مکمل رہبری کی جس سے دیگر کالجوں میں بھی کئی سمینار منعقد ہوئے۔

ڈاکٹر محمد اسلم فاروقی گری راج کالج میں آئی کیو اے سی کو آرڈینیٹر رہے اور ان کے زیر نگرانی کالج کا تیسری مرتبہ نیاک انسپکشن ہوا۔ جس میں کالج کو بی گریڈ حاصل ہوا تاہم معائنہ کاروں نے ڈاکٹر محمد اسلم فاروقی کی ہمہ جہت تعلیمی، تدریسی، تحقیقی و اختراعی خدمات کی بھرپور ستائش کی۔ڈاکٹر محمد اسلم فاروقی نے اس کالج میں قومی یوم مادری زبان کے موقع پر فروغ اردو زبان اور اردو رسم الخط کو عام کرنے کے ایک انوکھے پروگرام "فون میں اردو گھر گھر میں اردو" کا آغاز کیا۔ اور اپنے کالج کے طلباء کے ساتھ اسکولوں کالجوں اور بازار میں موجود لوگوں کے فون میں اردو رسم الخط کی بورڈ شامل کرتے ہوئے لوگوں کو اردو رسم الخط استعمال کرنے کی کامیاب ترغیب دی۔ انہوں نے جب اس پروگرام کی تشہیر سوشل میڈیا پر کی تو دنیا بھر سے انہیں مبارکبادی کے پیغامات ملے اور دیگر علاقوں نے بھی لوگوں نے اس پروگرام کو شروع کیا۔

انہوں نے کالج میں ایک اور اختراعی پروگرام "روز ایک لفظ سیکھئے چار زبانوں میں" بورڈ کو شروع کیا۔ جس میں انگریزی کے ایک لفظ کو ہندی، تلگو اور اردو میں لکھ کر اس کا تلفظ انگریزی میں پیش کیا جاتا ہے جس سے اردو طلباء کو دیگر زبانیں اور دیگر زبانوں والوں کو اردو سیکھنے میں مدد ملی۔ ان کی کاوش سے گری راج کالج کے اردو نصاب میں نظام آباد کے اردو ادیبوں اور شعرا کو نمائندگی دی گئی۔ کالج میں انہوں نے جمیل نظام آبادی،ڈاکٹر محمد ناظم علی،ڈاکٹر حمیرہ سعید، ڈاکٹر عبدالرحمٰن، جناب عبدالعزیز کے لیکچر منعقد کئے۔ بیلن نظام آبادی نے ایک شاعر سے ملئے پروگرام اور شیخ احمد ضیاء نے ایک ادیب سے ملئے پروگرام میں شرکت کی۔

وہ اردو کے پہلے لیکچرر ہیں جنہیں کالج کی جانب سے عصری لیپ ٹاپ دیا گیا۔ نظام آباد میں قیام

کے دوران وہ مولانا آزاد اردو یونیورسٹی اور امبیڈکر یونیورسٹی کے کونسلر رہے۔ اسی دوران عثمانیہ یونیورسٹی کے اورینٹل شعبے میں انہیں پی ایچ ڈی گائیڈ شپ دی گئی اور ان کے زیر نگرانی چھ طلباء اردو میں پی ایچ ڈی کر رہے ہیں۔

گری راج کالج میں چھ سال خدمات انجام دینے کے بعد ڈاکٹر محمد اسلم فاروقی کا تبادلہ این ٹی آر ڈگری کالج برائے اناث محبوب نگر ہوا۔ جہاں وہ جولائی ۲۰۱۸ء سے بہ حیثیت صدر شعبہ اردو ،وائس پرنسپل اور آئی کیو اے سی کو آرڈینیٹر کے خدمات انجام دے رہے ہیں۔ اس دوران ان کی کئی کتابیں منظر عام پر آئیں۔ ان کی تحقیقی تصانیف میں پہلی تصنیف "قوس قزح۔۲۰۰۵" دوسری تصنیف "مضامین نو ۲۰۱۲ء"۔ تیسری تصنیف "سائنس نامہ ۲۰۱۳ء" چوتھی تصنیف "عزیز احمد کی ناول نگاری ۲۰۱۴ء"۔ پانچویں تصنیف "برطانیہ میں اردو کا سپاہی حبیب حیدرآبادی۔۲۰۱۶" چھٹی تصنیف "دریچے مضامین کا مجموعہ "۲۰۱۷۔ ساتویں تصنیف "کہکشاں مضامین کا مجموعہ "۲۰۱۸ ہے۔

ڈاکٹر محمد اسلم فاروقی کی ساری تصانیف پر اردو اکیڈیمی اے پی و تلنگانہ اسٹیٹ نے انعام دیا۔ ڈاکٹر محمد اسلم فاروقی انٹر سے لے کر پی ایچ ڈی تک ریاست اور ملک بھر کے سبھی طلباء کی تعلیمی رہنمائی کرتے ہیں۔ اور انہیں مختلف امتحانات کے لیے تعلیمی مواد فراہم کرتے ہیں۔ انہوں نے طلباء کی سہولت کے لیے ۱) شرح گلزار ادب برائے انٹر سال اول۔ ۲) شرح گلزار ادب برائے انٹر سال دوم ۳) شرح ڈگری اردو سال اول ۴) شرح ڈگری اردو سال دوم، ۵) اخلاقیات اور انسانی قدریں۔ انٹر سال اول (ترجمہ) ۶) جنسی حساسیت (ترجمہ) ڈگری سال اول - ۷) قدری تعلیم (ترجمہ) ڈگری سال اول ۸) ماحولیاتی سائنس ڈگری سال دوم ۹) سائنس اور انسانی تہذیب ڈگری سال سوم کتابیں اور تعلیمی مواد طلباء کو فراہم کیا۔ ان کا یہ مواد سبھی طلباء کے لیے آن لائن دستیاب ہے۔ جس سے اے پی اور تلنگانہ کے اساتذہ اور

طلباء دونوں مستفید ہوتے ہیں۔ ڈاکٹر محمد اسلم فاروقی کی تحقیقی کتابیں سائنس نامہ، عزیز احمد کی ناول نگاری اور برطانیہ میں اردو حبیب حیدرآبادی انٹرنیشنل اردو ویب سائٹ ریختہ اور بزم اردو پر دستیاب ہیں۔

ڈاکٹر محمد اسلم فاروقی ایک اچھے مضمون نگار ہیں ان کے مضامین اردو دنیا، قومی زبان، سیاست، منصف، رہنمائے دکن، اعتماد، راشٹریہ سہارا، مضامین ڈاٹ کام، مائی نظام آباد ویب سائٹ، گونج، تمہید، آندھرا پردیش، جنگ پاکستان، اسٹار نیوز دہلی، ہندوستان ٹائمز اردو، متاع کانپور، گواہ حیدرآباد، وقار ہند، سیاست پندرہ روزہ اور دیگر اخبارات و رسائل اور انٹرنیٹ ویب سائٹس پر مسلسل شائع ہوتے ہیں۔ روزنامہ منصف کے ادارتی صفحہ پر انہوں نے کئی مفید معلوماتی مضامین لکھے۔ جو انٹرنیٹ پر دستیاب ہیں۔ نظام آباد سے جاری ہونے والے پہلے آن لائن اردو اخبار "آج کا تلنگانہ" کے لیے ڈاکٹر محمد اسلم فاروقی نے سو سے زائد مضامین لکھے جو آن لائن شائع ہوئے۔

ڈاکٹر محمد اسلم فاروقی ڈاکٹر بی آر امبیڈکر اوپن یونیورسٹی سمسٹر چہارم مواصلات اور اردو کتاب کے ایڈیٹر رہے۔ اس کے علاوہ انہوں نے امبیڈکر یونیورسٹی سال اول کی کتابوں میں ٦ اسباق تحریر کئے۔ وہ بورڈ آف انٹرمیڈیٹ تلنگانہ اسٹیٹ ماڈرن لینگویج اور زبان دوم سال اول اور سال دوم اردو نصابی کتابوں کی تیاری کمیٹی کے رکن ہیں۔ وہ ایک اچھے مترجم ہیں جن کی بناء بورڈ آف انٹرمیڈیٹ نے سماجی علوم کی کتابوں اور ماحولیاتی سائنس کتاب کے ترجمے کے دوران ان کی خدمات حاصل کیں اور کئی اسباق کا ترجمہ کرایا۔ اسی طرح امبیڈکر اوپن یونیورسٹی کے لیے بھی انہوں نے سماجی علوم کتابوں کے ترجمے کئے۔ اپنے ترجمے کی صلاحیت کو بروئے کار لاتے ہوئے انہوں نے انگریزی کی شاہکار کہانیوں دو گز زمین لیو ٹالسٹائے اور کابلی والا رابندر ناتھ ٹیگور کا اردو میں ترجمہ کیا۔

ڈاکٹر محمد اسلم فاروقی نے پروفیسر شوکت حیات کے زیر نگرانی ایفلو ای ایم آر سی کے ایک یو جی

سی پراجیکٹ کے تحت یو.جی سی ڈگری ویڈیو اسباق کے تحت تین ویڈیو اسباق ن م راشد، اختر الایمان اور جگر کی شاعری کے بارے میں پیش کئے۔ ان کے یہ ویڈیو اسباق یوٹیوب پر دستیاب ہیں۔ڈاکٹر محمد اسلم فاروقی نے سمیناروں اور مختلف مواقع پر جو لیکچر دیے ان کے ویڈیو یوٹیوب چینل پر پیش کئے اس طرح ان کے چینل پر ۲۰۰ سے زائد ویڈیو موجود ہیں۔

انہوں نے اردو کو ٹیکنالوجی سے جوڑنے کے لیے اپنے طلباء کی مدد سے ڈگری نصاب کے تدریسی ویڈیو تیار کئے۔ اور یوٹیوب پر پیش کیا۔ ان کے دو ویڈیوز غزل کی تعریف اور نظم کی تعریف کو دنیا بھر سے ایک لاکھ سے زائد ناظرین نے مشاہدہ کیا۔ اور یوٹیوب پر ان کے دو ہزار سے زائد سبسکرائبرس ہیں۔ڈاکٹر محمد اسلم فاروقی سوشل میڈیا سے دنیا بھر سے رابطے میں رہتے ہیں۔

انہوں نے طلباء کی سہولت کے لیے شمع فرزاں فیس بک پیج تیار کیا۔ یو.جی سی نیٹ امتحان کی تیاری کے ایک گروپ میں وہ طلباء کو ای میل کے ذریعے مفت نیٹ اردو کے معروضی سوال جواب کی کتابیں فراہم کرتے ہیں۔ بزم اردو کے نام سے ان کا ایک فیس بک گروپ ہے جس پر دنیا بھر کے لوگ اردو سرگرمیوں سے مستفید ہوتے ہیں۔ تعلیمی ویڈیو پیج سے وہ اردو کے اہم موضوعات پر ویڈیوز پیش کرتے ہیں جس سے دنیا بھر کے طلباء مستفید ہوتے ہیں۔ وہ اہم تقاریب کو اپنے فیس بک پیج سے براہ راست پیش کرتے ہیں اور ٹیکنالوجی کا اردو کے فروغ کے لیے بھرپور استفادہ کرتے ہیں۔ اردو کو ٹیکنالوجی کے جوڑنے کی جانب ایک قدم کے طور پر گوگل کی سہولت بلاگ کو استعمال کرتے ہوئے ڈاکٹر محمد اسلم فاروقی نے اپنے بلاگ کے علاوہ گری راج کالج اور این ٹی آر ڈگری کالج کے بلاگ تیار کئے اور شعبہ اردو کی سرگرمیوں کو ان پر پیش کیا۔

دریچے اور تبصرے کے نام سے ان کے بلاگ ہیں جن پر وہ مضامین اور تبصرے پیش کرتے ہیں۔ "حج کا سفر" کے نام سے انہوں نے حاجیوں کی رہبری کے لیے ایک بلاگ تیار کیا جس میں سفر حج سے متعلق کتابیں، ویڈیوز، تصاویر اور اہم معلومات فراہم کی گئی ہیں۔ اس بلاگ کا اب

تک ۱۵۰۰۰ سے زائد ناظرین نے مشاہدہ کیا ہے۔ڈاکٹر محمد اسلم فاروقی نے اردو کے دیگر ادیبوں اور شعرا کو بلاگ کی سہولت سے مستفید کرایا ہے۔ چنانچہ مرزا غالب اکیڈیمی حیدرآباد اور نامور ادیبہ نفیسہ خان کے بلاگ انہوں نے تیار کئے۔ اور گوگل میں اردو کے بیش قیمت مواد کو شامل کرنے میں کارہائے نمایاں انجام دیا۔

ڈاکٹر محمد اسلم فاروقی رکن بورڈ آف اسٹڈیز عثمانیہ یونیورسٹی، رکن بورڈ آف اسٹڈیز تلنگانہ یونیورسٹی، رکن بورڈ آف اسٹڈیز ایم وی ایس کالج محبوب نگر اوراین جی کالج نلگنڈہ کے رکن کے علاوہ صدر نشین بورڈ آف اسٹڈیز اردو اور انگریزی گری راج کالج نظام آباد رہے۔ وہ مختلف جامعات کے ممتحن ہیں اور شاتا واہانا یونیورسٹی کریم نگر، تلنگانہ یونیورسٹی نظام آباد، یوگی ویمنا یونیورسٹی کڑپہ اور امبیڈکر یونیورسٹی اور مولانا آزاد اردو یونیورسٹی شعبہ جرنلزم کے ممتحن ہیں۔ جموں وکشمیر پبلک سروس کمیشن امتحانات کا انہوں نے بہ حیثیت آن لائن کام کیا۔ نظام آباد میں انہوں نے روشنی ٹی وی پر لائیو فون ان پروگرام مسابقتی امتحان کی تیاری کیسے کریں۔ سوشیل میڈیا کے اثرات اور امبیڈکر یونیورسٹی کے پروگرام دوردرشن میں شرکت کی۔

وہ آل انڈیا ریڈیو حیدرآباد پر یو اوانی پروگرام، اسپورٹس راونڈ اپ اور حرف تابندہ کی پیشکشی میں بھی حصہ لیتے رہے۔ انہوں نے مختلف کالجوں میں توسیعی لیکچر دیئے عادل آباد، محبوب نگر اور نظام آباد کے کالجوں میں دیئے گئے ان کے لیکچرز یوٹیوب پر دستیاب ہیں۔ گوگل میں انگریزی میں aslam faroqui یا اردو میں اسلم فاروقی ٹائپ کرنے سے گوگل پر موجود ان کی ساری سرگرمیاں دیکھی جاسکتی ہیں۔ انہوں نے قومی و بین الاقوامی اردو سمیناروں میں مقالے پڑھے۔ تلنگانہ یونیورسٹی، شاتاواہانا یونیورسٹی، یونیورسٹی آف حیدرآباد، حکومت تلنگانہ سمینار اور دیگر کالجوں کے اردو سمیناروں میں انہوں نے مقالے پیش کئے۔ رسالہ گونج نے ڈاکٹر محمد اسلم فاروقی فن اور شخصیت خاص نمبر ۲۰۱۵ء میں شائع کیا جو فیس بک پر موجود ہے۔ اس کے علاوہ انہوں نے اپنے والد محمد ایوب فاروقی گونج فن اور شخصیت نمبر کی اشاعت میں بھی تعاون

کیا۔ڈاکٹر محمد اسلم فاروقی نے گری راج کالج کے میگزین سورجنا اور این ٹی آر کالج کے میگزین درپن کے مدیر کے فرائض انجام دیئے اور انگریزی میں دونوں میگزین شائع کئے۔

انہوں نے تلنگانہ یونیورسٹی شعبہ اردو کے اردو فیسٹیول میں جج کے فرائض 'یوا ترنگم' مقابلوں میں جج کے فرائض انجام دیئے۔ ان کی زیر طبع تصانیف میں اردو کی منتخب نظمیں ایک مطالعہ (تنقید)۲) کچھ پھول چنے میں نے ریڈیائی تقاریر اور اردو کتابوں پر تبصرے شامل ہیں۔ انہوں نے اردو شعراء اور ادیبوں کی کتابوں پر جو تبصرے لکھے وہ اخبارات اور رسائل میں شائع ہوئے۔۲۰۰۸ء میں انہیں حج کی سعادت نصیب ہوئی۔اس کے بعد وہ سنگاریڈی اور نظام آباد میں عازمین حج کی رہبری کرتے رہے ہیں۔فیس بک پر حج کا طریقہ ویڈیوز کی پیشکشی کے ذریعے بھی وہ عازمین حج کی تربیت کرتے رہتے ہیں۔انہوں نے ۲۰۱۹ء سیرت النبی ﷺ اور پیارے نبی ﷺ کی پیاری سنتیں کتاب ترتیب دی اور طلباء میں مفت تقسیم کی۔

انہوں نے سوشل میڈیا واٹس اپ پر "ہم لوگ" کے نام سے گروپ ترتیب دیا۔کالج کے طلباء کے لیے مختلف تدریسی گروپ تیار کئے اور ۲۴x۷ طلباء کی رہبری کا کامیاب عملی نمونہ پیش کیا۔چونکہ وہ اپنے طلباء سے دوستانہ ماحول میں بات کرتے ہیں اس لیے ملک بھر سے طلباء ان سے رابطہ کرتے ہیں اور وہ سوشل میڈیا سے طلباء کی رہبری کرتے رہتے ہیں۔

ڈاکٹر محمد اسلم فاروقی کو حکومت تلنگانہ کی جانب سے ۵ ستمبر ۲۰۱۹ کو یوم اساتذہ کے موقع پر ریاستی سطح کا بیسٹ لیکچرر ایوارڈ دیا گیا۔اردو اکیڈیمی اور کمشنر کالجیٹ ایجوکیشن کی جانب سے انہیں بے سٹ ٹیچر ایوارڈ دیا گیا۔بزم علم و ادب حیدرآباد کی جانب سے ۲۰۱۶ء میں انہیں ڈپٹی چیف منسٹر تلنگانہ جناب محمود علی کے ہاتھوں "علمبر دار اردو ایوارڈ" دیا گیا۔اردو اکیڈیمی کے ضلعی سمینار کے موقع پر محبوب نگر میں انہیں ایوارڈ اور تہنیت پیش کی گئی۔

وہ قمر الدین صابری اردو فاؤنڈیشن حیدرآباد کی ماہانہ ادبی سرگرمیوں سے وابستہ ہیں۔اس کے علاوہ دیگر ادبی انجمنوں کے پروگراموں میں شرکت کرتے ہیں۔وہ تلنگانہ میں فروغ اردو کے

لیے نمایاں خدمات انجام دے رہے ہیں۔ ان کا مطمع نظر یہی ہے کہ لوگوں کی مدد کرو اللہ آپ کی مدد کرے گا۔ تعلیم کو عام کرنا۔ دین کی اشاعت، اردو زبان و ادب کا فروغ اور ملی خدمات میں وہ اپنے آپ کو مصروف رکھتے ہیں۔ ان کا کہنا ہے کہ جس طرح دولت کی زکوۃ روپیہ خرچ کرنا ہے اسی طرح علم کی زکوۃ اسے مفت عام کرنا ہے۔ڈاکٹر محمد اسلم فاروقی کے اس علمی سفر سے اندازہ ہوتا ہے کہ وہ اپنی ذات میں ایک انجمن ایک ہمہ جہت شخصیت ہیں اور اہل نظام آباد کو ان پر فخر ہونا چاہئے کہ انہوں نے اپنی سرگرمیوں سے دنیا بھر میں نظام آباد کا نام روشن کیا اور دیگر طلباء کے لیے مثال پیش کی کہ کس طرح دینی مدرسے کے طالب علم رہنے کے باوجود انہوں نے دنیاوی شعبہ جات میں ترقی کی۔

تو شاہیں ہے پرواز ہے کام ترا
ترے سامنے آسماں اور بھی ہیں

☆☆☆

شوکت علی صوفی

سینئر صحافی

مجید عارف

محمد شوکت علی صوفی حضرت محمد اسماعیل صوفی چشتی القادریؒ کے چوتھے فرزند ہیں۔ آپ ۵/جولائی ۱۹۵۶ء کو شکر نگر میں پیدا ہوئے۔ حضرت محمد اسماعیل صوفیؒ نظام شوگر فیکٹری کے وہ تین ملازمین میں سے ہیں جو نظام شوگر فیکٹری کی بنیاد ڈالنے کے وقت موجود تھے۔ اسماعیل صوفی صاحب حکومت نظام کے ملازمین میں سے تھے۔ ۱۶ سال کی عمر میں عثمانیہ یونیورسٹی بلڈنگ کنسٹرکشن ڈیویژن میں بحیثیت اردو منشی آپ کا تقرر ہوا تھا۔ ۱۹۳۴ میں نظام ساگر پراجکٹ پر آپ کا تبادلہ عمل میں آیا۔ اس کے بعد ۱۹۳۷ میں نظام شوگر فیکٹری بودھن تبادلہ عمل میں آیا۔ یہاں بھی بحیثیت منشی آپ نے خدمات انجام دیں۔ نظام شوگر فیاکٹری میں جب پوسٹ آفس کا قیام عمل میں آیا تو پوسٹ آفس کے نام کا مسئلہ آیا کیوں کہ اس وقت بودھن پوسٹ آفس موجود تھا تو حضرت محمد اسماعیل صوفیؒ نے ہی اس کا نام شکر نگر دیا جو رائج ہو گیا اور آج بھی پوسٹ آفس شکر نگر ہی کہلاتا ہے۔

محمد شوکت علی نے ابتدائی تعلیم گورنمنٹ ہائی اسکول سے حاصل کی بعد میں عثمانیہ یونیورسٹی سے اردو میں ایم اے اور کالج آف لینگویجس سے ماسٹر ان اورینٹل لینگویجس کامیاب کیا۔ شام نامہ، رہنمائے آندھرا پردیش میں چیف رپورٹر، نیوز ٹرسٹ آف انڈیا میں بحیثیت سینئر رپورٹر اور اس کے بعد روزنامہ منصف میں کرسپانڈنٹ کی حیثیت سے خدمات انجام دیں۔ اس کے

علاوہ روزنامہ راشٹریہ سہارا میں بیورو چیف اور اس کے بعد ریسیڈنٹ ایڈیٹر ۲۳ سال خدمات انجام دینے کے بعد ۲۰۱۳ء میں ریٹائرڈ ہوئے۔ موصوف روزنامہ رفیق دکن میں بحیثیت چیف رپورٹر اور وہاٹس اپ چینل میں مینجنگ ایڈیٹر کی خدمات بھی انجام دے چکے ہیں۔ ان دنوں آئی این این چینل پر مینجنگ ایڈیٹر کی حیثیت سے مامور ہیں۔ محمد شوکت علی صوفی کو حضرت محمد اسماعیل صوفی چشتی القادریؒ کے وصال کے بعد ۱۹۹۵ میں آپ کا جانشین بنایا گیا۔ موصوف نے ۱۹۹۴ میں آندھرا پردیش اسمبلی انتخابات کے بعد The Tenth House تحریر کیا۔ اس کے علاوہ ہمارے سرکار محمد رسول اللہ، اور "شرک کیا ہے" بھی آپ کی تصنیفات میں شامل ہیں۔ ان کی دو کتابیں "حضرت محمد اسماعیلؒ کی سوانح" اور "امیر ربی" زیر طبع ہیں۔

محمد شوکت علی صوفی تلنگانہ ورکنگ جرنلسٹ یونین اور کل ہند اردو جرنلسٹ اسوسی ایشن کے صدر بھی ہیں۔ انہوں نے آل انڈیا ریڈیو کے لئے اسپورٹس ریویو اور ڈرامے لکھے۔ دوردرشن کیندر پر بھی کئی انٹرویوز کئے۔ ۱۹۸۰ میں عثمانیہ یونیورسٹی کے اردو فیسٹیول کے ڈرامے میں انہیں بسٹ ایکٹر کا ایوارڈ بھی ملا۔

محمد شوکت علی صوفی نے اپنے کریئر میں ڈاکٹر شنکر دیال شرما، کے آر نارائنن، ڈاکٹر اے پی جے عبد الکلام اور شریمتی پرتیبھا سنگھ پاٹل سے ملاقات کی۔ چیف منسٹر ڈاکٹر چنا ریڈی پی جنار دھن ریڈی، بی وینکٹ رام ریڈی وجئے بھاسکر ریڈی، این ٹی راماراؤ، ڈاکٹر وائی ایس راج شیکھر ریڈی، کے روشیا، کرن کمار ریڈی کے انٹرویز اور وزرا میں ڈاکٹر شنکر راؤ، محمد علی شبیر، ڈی سرینواس، ڈاکٹر پی وی رنگاراؤ، رام ریڈی، سی نرنجن، سنتوش ریڈی گیتا ریڈی، پوچارم رینواس، اشوک گجپتی راجو، سریش ریڈی وائی رام کرشنوڈو، محدم جانی، این فاروق، محمد محمود علی، چندر شیکھر ریڈی، ایم وی میسورا ریڈی، پی رامچند ر ریڈی کے انٹرویوز بھی کئے۔

محمد شوکت علی صوفی نے فلم انڈسٹری سے جڑے ۱۷ فنکاروں کے بھی انٹرویوز لئے جن میں دلیپ کمار، دیو آنند، لتا منگیشکر سبھا گھئی، سلمان خان، ایشوریا رائے، ستروگھن سنا، راج ببر،

پرمود موتھو، عمران ہاشمی، پوجا بھٹ، مہیش بھٹ کرشمہ کپور، ارباز خان، گلوکار سونو نگم، محمد انور قابل ذکر ہیں۔ محمد شوکت علی صوفی کو یہ اعزاز بھی حاصل ہے کہ انہوں نے تاملناڈو کے گورنر سرجیت سنگھ برنالہ کی کتاب میری دو اور بیٹیاں کی رسم اجرا کے موقع پر راج بھون، تاملناڈو میں سرجیت سنگھ برنالہ سے نہ صرف اس کتاب کی پہلی کاپی حاصل کی بلکہ اس کتاب پر تبصرہ بھی کیا۔ اس تقریب کے مہمان خصوصی پروفیسر محمد اقبال علی وائس چانسلر ستواہنایونیورسٹی تھے۔

☆☆☆

اطہر معین

اظہار حق و افشائے باطل کی صحافت کا امین

ارشد خان

قلم کی اہمیت سے کس کو انکار ہے ؟ خالق برتر نے قرآن مجید کی پہلی وحی کے ذریعہ قلم کا ذکر فرما کر اس کی عظمت کو مسلمہ کر دیا ہے۔ قلم و قرطاس قوموں کے عروج کے ضامن رہے ہیں۔ قلمی نگارشات معاشرے کو ایک نئی سوچ و فکر عطا کرتی ہیں۔ اگر یہ نعمت کسی سنجیدہ فکر نوجون کو مل جائے تو اسکی صلاحتیں قوم وملت کے لئے سنگ میل ثابت ہوتی ہیں۔ معروف صحافی اطہر معین کا شمار بھی اسی قبیل کے نوجوانوں میں ہوتا ہے۔ اس فرزند نظام آباد نے بہت کم عمری میں ترقی کے منازل طئے کئے ہیں۔ اردو سے انگریزی صحافت تک کا ان کا یہ دلچسپ سفر ملاحظہ فرمائیں۔ جو قابل تقلید بھی ہے اور قابل ستائش بھی۔

معروف شاعر رہبر جونپوری کے یہ اشعار ان کے قلم کی ترجمانی کرتے ہیں:

قلم خاموش ہے الفاظ کی تاثیر بولے ہے
ہماری صفحۂ قرطاس پر تحریر بولے ہے
حقیقت مٹ نہیں سکتی بدل دینے سے تاریخیں
ہر اک فن میں ہمارا حسن عالم گیر بولے ہے

اطہر معین اردو صحافت کا ایک منفرد نام ہے۔ یہ ایک ایسا صحافی ہے جو جتنا معروف و مشہور ہے اتنا ہی گمنام اور مخفی بھی ہے۔ بہت سے لوگ ان کے چہرہ سے ناآشنا مگر اسلوب تحریر سے

خوب واقف ہیں۔ اگر یہ کہا جائے تو مبالغہ نہ ہو گا کہ اطہر معین ہی نے اردو میں تفتیشی صحافت کا آغاز کیا ورنہ اردو صحافت میں کسی اسکینڈل یا اسکام کی کھوج کا تصور تھا نہ اب ہے۔ اردو صحافت میں صرف وقوعات یا پھر سیاسی، ملی و مذہبی قائدین کے بیانات کو ہی جگہ دی جارہی ہے۔ مغربی ذرائع ابلاغ پر کامل اعتماد اور متبادل ذرائع سے حقائق کا پتہ چلانے کی کوششیں نہ کئے جانے کے باعث اردو اخبارات بھی اغیار کے ایجنڈہ پر کاربند ہیں مگر اس صحافی نے اجتہادی و انقلابی رجحانات کو پروان چڑھایا اور ایسے ایسے حقائق کو منظر عام پر لایا جس سے بہت کم لوگ واقف تھے۔

اطہر معین کو لڑکپن سے ہی لفظوں سے تال میل رہا، پھر ذوق مطالعہ، نئے جہانوں کی سیر کی جستجو اور ان سب سے بڑھ کر انسانیت کے دکھ کو سمجھنے کی خوبی نے انہیں ممتاز بنادیا اور یہ سب اسی وقت ممکن ہے جب انسان کی آرزوئیں حسرتوں میں بدل جاتی ہیں۔ اطہر معین کو سچ بولنے کا 'جنون، رہاہے۔ ان کو شائد اس بات کی خبر نہیں تھی کہ سچ کا انجام یا زہر کا پیالہ ہوتا ہے یا پھر درخت خرمہ پر سولی دی جاتی ہے۔ اگر ان کو اس بات کی خبر بھی تھی تو وہ درخت خرمہ کی آبیاری کرتے رہے۔ انہوں نے ۲۵ برسوں کے دوران کئی صحافتی اداروں میں خدمات انجام دیں اور اپنی تحریروں کا جادو جگایا۔ ان کی تحریروں میں جو بے باکی و صداقت ہے وہ ان کو شروع ہی سے نمایاں کر گئی چنانچہ مشرق وسطیٰ میں ہونے والی تبدیلیوں کا گہرائی کے ساتھ تجزیہ، جامعہ ازہر میں اوبامہ کے خطاب کے پس پردہ امریکی عزائم کے پردوں کو چاک کرنا، امریکہ کے اقتصادی بحران کی پیش قیاسی اور اسلام کے نام پر اسلام کے خلاف سازشوں کو عریاں کرنا، مکہ مسجد بم دھماکہ کے سازشیوں اور اس کے پس پردہ محرکات کو بے نقاب کرنا اور اوقافی اسکامس کا پردہ فاش کرنا ان کے اہم کارنامے ہیں۔ اسلام اور مسلم امہ کے خلاف رچی جانے والی سازشوں کی انہیں یا تو پہلے سے ہی بھنک لگ جاتی ہے یا پھر حالات کے بدلتے رخ کو بھانپ لے کر سازش کی تہہ تک پہنچ جاتے ہیں۔ اطہر معین نے قانون وقف میں ترمیم کے ضمن میں عوامی

نمائندوں اور صحافتی جریدوں کو جتنا مواد فراہم کیا یہ اعزاز شائد کسی اور کو حاصل نہیں رہا۔ ان کا سب سے بڑا عیب یہ ہیکہ وہ اپنے ارادہ میں بہت زیادہ استقامت رکھتے ہیں جو آج کے دور میں کوئی اچھی بات نہیں ہے۔ وہ ڈھلتے سورج سے عبرت حاصل کرتے ہیں لیکن ابھرتے سورج کی پرستش نہیں کرتے۔ وہ اظہار حق وافشائے باطل کی صحافت کے امین ہیں۔

یہ اطہر معین ہی ہیں جنہوں نے اوقاف کے بارے میں ملت کو آگاہ کیا اور اوقافی جائیدادوں کی تباہی وبربادی کے تئیں شعور بیدار کیا۔ اطہر معین کی تحریروں سے قبل اوقاف کی دھاندلیوں اور بدعنوانیوں کے بارے میں عام مسلمان تو درکنار مفکرین ملت بھی کماحقہ آگاہ نہیں تھے مگر اس صحافی نے اربوں کھربوں مالیت کی اوقافی جائیدادوں کو فروخت کرنے والے متولیوں، حکومتوں اور قبضہ کرلینے والوں کے خلاف ایک محاذ کھول کر رکھ دیا تھا جس کے نتیجہ میں سابقہ حکومتوں کی بنیادیں دہل گئیں اور کئی سفید پوش ہستیوں کے چہروں سے نقاب اتر گیا، سجادگی کی مسند پر متمکن لوگوں کی اصلیت آشکار ہوگئی۔ آج بھی ان کی یہ مہم جاری ہے۔ اوقاف کے اسکینڈلس کو یکے بعد دیگر منظر عام پر لائے جاتے رہنے سے سیاسی جماعتیں بھی خطرہ محسوس کرنے لگی تھیں۔ اطہر معین ہی کی تحریروں کا اثر تھا کہ وقت کے وزیر اعظم ڈاکٹر منموہن سنگھ اور صدر کانگریس سونیا گاندھی نے حیدرآباد کے تین اخبارات کے مدیروں کو خصوصی وقت دیا اور ان سے اوقافی جائیدادوں کی صیانت کا وعدہ کیا تھا۔ یہ اور بات ہے کہ وہ اپنے وعدہ کو وفا نہیں کرسکے۔ درگاہ حسین شاہ ولیؒ، درگاہ حضرت بابا شرف الدینؒ، درگاہ حضرت مخدوم بیابانیؒ آلور، عاشور خانہ علی سعد، درگاہ حضرت سید شاہ اسحٰق مدنیؒ وشاکھاپٹنم، جامعہ نظامیہ، درگاہ حضرت حکیم شاہ باباؒ اور کئی دیگر اوقافی اداروں کی جائیدادوں کی صیانت میں ان کے رول کو فراموش نہیں کیا جاسکتا۔ جاریہ صدی کے پہلے دہے میں جب ملک میں جابجا بم دھماکے ہونے لگے اور قانون نافذ کرنے والی ایجنسیوں کی جانب سے ان دھماکوں کے لئے نام نہاد مسلم تنظیموں اور دین پر عمل پیرا مخصوص مکتب فکر سے تعلق رکھنے والے نوجوانوں کو مورد الزام

ٹھہرایا جانے لگا تو ابنائے وطن سمیت مسلمان بھی یہی سمجھنے لگے تھے کہ شائد یہ کچھ گمراہ مسلم نوجوانوں کی کارستانی ہے مگر اطہر معین نے ان بم دھماکوں پر بے لاگ تبصرے کرتے ہوئے پولیس کی گھڑی ہوئی کہانیوں کا پول کھولنا شروع کیا اور یہ ثابت کیا کہ یہ دھماکے مسلم نوجوانوں کی کارستانی نہیں بلکہ ان افراد کی سازش ہے جن پر ملک کی سلامتی کی ذمہ داریاں سونپی گئیں۔ خوف وہراس کے اس ماحول میں جب کہ ملت کی بڑی بڑی تنظیمیں اور سرکردہ قومی قائدین بھی ان بے قصور نوجوانوں کی تائید وحمایت کرنے میں خطرہ محسوس کر رہے تھے اس وقت اطہر معین نے مکہ مسجد بم دھماکہ کی اپنے طور پر متوازی تحقیقات کرتے ہوئے چونکا دینے والے انکشافات کئے تھے۔ مسلم نوجوانوں کی گرفتاریوں پر بھی وہ کھل کر لکھنے لگے اور ایک ایسا ماحول تیار کیا کہ دہشت گردی کے الزامات میں گرفتار کئے گئے مسلم نوجوانوں کی بے گناہی کو سبھی تسلیم کرنے لگے اور قومی سطح کی حقوق انسانی تنظیموں نے حیدرآباد میں سہ روزہ پیپلز ٹریبونل کا اہتمام کیا جس کے بعد سے ملک بھر میں مسلم نوجوانوں کی گرفتاریوں کا سلسلہ طویل عرصہ تک روک دیا گیا۔ اسی طرح بھینسہ کے قریب وٹولی کے مقام پر ایک ہی خاندان کے ۶ افراد کو زندہ جلا دیئے جانے کے واقعہ میں ملوث خاطیوں کی جانب انہوں نے ہی نے نشاندہی کی تھی جس کے بعد پولیس نے ان خاطیوں کو گرفتار کرلیا۔ سائنس و طب کے شعبہ میں بھی ان کی صحافتی تحقیقات غیر معمولی اور انکشافات چونکا دینے والے رہے ہیں۔ معاشرتی مسائل پر بھی ان کی گہری نظر رہتی ہے اور وہ سماج میں پنپنے والی برائیوں اور خرابیوں کی اپنے قلم سے جراحی کرتے ہیں۔

ویج بورڈ کے مطابق تنخواہوں کے مسئلہ پر جب ادارہ سیاست نے تمام ملازمین سے جبری استعفیٰ حاصل کرلیا اور انہیں دوبارہ کنٹراکٹ کے اساس پر ملازمت کی پیشکش کی تو اطہر معین ہی واحد صحافی تھے جنہوں نے انتظامیہ کے فیصلہ کے آگے خودسپردگی اختیار کرنے کی بجائے انتظامیہ کے خلاف قانونی چارہ جوئی کا راستہ اختیار کیا اور ان کی یہ جدوجہد ہنوز جاری ہے۔ ادارہ سیاست

سے تعلق ختم ہو جانے کے بعد انہوں نے 'البلاد' کے نام سے نہایت ہی دیدہ زیب اور معیاری ہفتہ وار کا اجراء عمل میں لایا مگر بد قسمتی سے مالی تنگی کے باعث وہ اسے مسدود کرنے پر مجبور ہو گئے۔ اردو زبان ہی کی طرح وہ انگریزی زبان پر بھی دسترس رکھتے ہیں اور یہ عقدہ اس وقت کھلا جب دکن کے معروف انگریزی روزنامہ 'دکن کرانیکل' میں ان کی تحریریں پڑھنے کو ملیں۔ اردو خبر رساں اداروں نے اس صحافی کی قدر نہیں کی۔ اردو صحافت کو ۲۵ برس تک سینچتے رہنے کے بعد یہ صحافی کچھ وقت کے لئے خاموش ہو گیا تھا مگر دکن کرانیکل کے انتظامیہ نے اس صحافی کو ضائع ہونے نہیں دیا اور انہیں اپنے ادارہ کے لئے لکھنے کی پیشکش کی۔ اس طرح وہ اکتوبر ۲۰۱۸ سے انگریزی صحافت میں اپنی ایک نمایاں شناخت بنائے ہوئے ہیں۔

اطہر معین نے اپنے صحافتی کیریر کا آغاز دور طالب علمی سے ہی کر دیا تھا جب وہ ممتاز کالج میں زیر تعلیم تھے۔ ابتداء میں وہ اردو کی قدیم نیوز ایجنسی 'دکن نیوز' سے وابستہ رہے اور جب ۱۹۹۵ء میں تعلیمی سلسلہ ختم ہو گیا تھا وہ اپنے وطن نظام آباد لوٹ گئے جہاں انہوں نے کچھ وقت کے لئے نظام آباد مارننگ ٹائمز میں کام کیا اور پھر ۱۹۹۸ میں 'روزنامہ ہمارا عوام' کے لئے نظام آباد کی نامہ نگاری حاصل کرنے جناب کے ایم عارف الدین سے ملاقات کی تو انہوں نے ان کی صلاحیتوں کو محسوس کرتے ہوئے سب ایڈیٹر کی حیثیت سے کام کرنے کی پیشکش کی۔ اس طرح وہ دوبارہ حیدرآباد منتقل ہو گئے اور پھر روزنامہ منصف میں شمولیت اختیار کی اور پھر روزنامہ سیاست سے ۲۰۰۴ تا ۲۰۱۴ وابستہ رہے۔ وہ اکتوبر ۲۰۱۸ء سے دکن کرانیکل سے وابستہ ہیں۔

☆☆☆

احمد پریمی

وہ اردو کا مسافر ہے یہی پہچان ہے اس کی

مجید عارف

زبانیں نہ صرف ہماری شناخت ہوتی ہیں بلکہ معاشرتی تہذیبی اور ثقافتی اقدار کی پاسداری بھی کرتی ہیں اوراس تہذیب کے نمائندے شعراء، ادباء، افسانہ نگار، صحافی، اور محققین اپنے خون دل سے سینچ کر اس کی آبیاری کرتے ہیں جس کے عوض معاشرہ انہیں ایک مقام و مرتبہ عطا کرتا ہے۔ زبان محض خیالات، جذبات اور معلومات کی ترسیل کا ذریعہ ہی نہیں بلکہ تہذیب و تمدن کے فروغ و معاشرہ کی تخلیق میں بنیادی کردار بھی ادا کرتی ہے۔ کسی بھی معاشرے کی مادری زبان قومی ترقی میں موثر کردار ادا کر سکتی ہے۔ مادری زبان کے استعمال سے شرح خواندگی میں آسانی سے اضافہ بھی کیا جا سکتا ہے۔

ہماری مادری زبان جو خسروؔ کی پہیلی، میرؔ کی ہم راز اور غالبؔ کی سہیلی ہونے کا اعزاز رکھتی ہے۔ جس پر پریم چند، کرشن چندر اور راجندر سنگھ بیدی، تلوک چند محرومؔ، فراقؔ گورکھپوری، جگن ناتھ آزادؔ، آنند نرائن مُلّا، کُنور مُہندر سنگھ بیدی سحرؔ نے اپنی محبتیں نچھاور کی ہیں۔ حضرت داغ دہلوی نے اس زبان کی سارے جہاں میں دھوم ہونے کا اعتراف بھی کیا ہے۔ افسوس کہ آج اسکی حیثیت کو گھٹا کر اسے ایک علاقائی زبان، کی طرح صرف اقلیتی مسلمان طبقے کی زبان کے طور پر نہ صرف پیش کیا جا رہا ہے بلکہ اس کے شعوری کوششیں بھی جاری ہیں۔ اردو کی ترقی و ترویج کے لیے حکومتی سطح پر بھی کسی قسم کے خاص اقدام نہیں اٹھائے جا رہے۔ جس کی وجہ یہ زبان زبوں حالی کا شکار ہے۔

ہزار مخالفتوں کے باوجود آج بھی اردو برصغیر کی نمائندہ زبان کی حیثیت رکھتی ہے جس کی خوبی یہ ہے کہ دوسری زبانوں کے الفاظ کو شامل کرنے کی بہترین صلاحیت رکھتی ہے۔

شہد و شکر سے شیریں اس زبان کے کئی گرویدہ ہیں۔ نظام آباد کے احمد پریمی بھی نہ صرف محب اردو ہیں بلکہ اس کے زلف گرہ گیر کے اسیر بھی ہیں۔ سعودی عرب ہو یا دبئی یا پھر امریکہ ۔۔۔۔۔ وہ جہاں بھی جاتے ہیں اردو کے حوالے سے پہچانے جاتے ہیں۔

جب سے اسیر زلف گرہ گیر ہو گیا
میں بے نیاز حلقۂ زنجیر ہو گیا
جاتا کہاں بھلا تری محفل کو چھوڑ کر
میں اپنے آپ پاؤں کی زنجیر ہو گیا

(قتیل شفائی)

احمد پریمی کی شہرت کے دو اسباب ہیں ایک اردو، دوسرا چائے۔ اردو زبان کی لذت کے ساتھ ساتھ لذت کام و دہن سے بھی انہوں نے نظام آبادیوں کو خوب واقف کروایا۔ ۱۹۸۷ء میں ہوٹل شالیمار کا قیام عمل میں لا کر کھچڑی کھٹا قیمہ، نہاری پائے، اور بریانی کو انہوں نے ایک نئے انداز میں متعارف کروایا۔

ذائقوں کا کون دلدادہ نہیں؟

سابق وزیر اعظم پاکستان میاں نواز شریف، ۲۰۱۴ء میں جب دلی آئے تھے تو بڑی حسرت و یاس سے بار بار پوچھ رہے تھے کہ کریم ہوٹل کہاں ہے؟

اسی طرح جب کوئی چائے کا دلدادہ نظام آباد آتا ہے تو پوچھتا ہے کہ ہوٹل شالیمار کہاں ہے؟ مرزا کہتے ہیں کہ دلی کی نہاری، ممبئی کا افلاطون، کلکتہ کا رس گلہ، آگرہ کا پیٹھا، حیدرآباد کی بریانی اور نظام آباد کی چائے شہرت رکھتے ہیں۔

احمد پریمی کا اصلی نام سید احمد الدین ہے۔ وہ ۷ اکتوبر ۱۹۵۵ء کو سید عبد الرحیم صاحب کے گھر پیدا

ہوئے۔ ابتدائی تعلیم خلیل واڑی ہائی اسکول سے حاصل کی۔ بعد ازاں میسور یونیورسٹی، کرناٹک سے اردو ادب میں ایم اے کیا۔ بچپن سے ہی اردو سے لگاو تھا۔۱۹۷۶ء میں نظام آباد کے ابھرتے ہوئے قلمکاروں کو لے کر "بزم اردوادب" قائم کی۔ جس کے زیر اہتمام ہر ماہ پابندی سے ادبی اجلاس ومشاعرہ ہوا کرتے تھے۔ دوستوں نے اردو سے ان کی محبت دیکھ کر ان کا نام "احمد پریمی" رکھ دیا۔ یہی نام ان کی شہرت کا سبب بنا۔

ینگ رائٹرز اکیڈمی کے فاؤنڈر سکریٹری رہے ہیں۔ نظام آباد کے مشہور ادبی ادارہ، دائرہ ادب کی ایک عرصہ تک صدارت کی اور کئی ایک کل ہند کامیاب مشاعروں کا انعقاد عمل میں آیا۔ ان مشاعروں میں ملک کے مشہور ومعروف شعراء کرام نے شرکت کرکے نظام آباد شہر کو عزت بخشی۔ جن میں کیفی اعظمی، خمار بارہ بنکوئی قابل ذکر ہیں۔

کئی اسپورٹس تنظیموں سے وابستہ رہے۔ سوپر اسٹار کرکٹ کلب کے صدر، نظام آباد ہاکی اسوسیشن کے صدر، نظام آباد باکسنگ اسوسیشن کے نائب صدر، رہنے کا بھی انہیں اعزاز حاصل ہے۔ فلاحی وملی تنظیموں سے آپ کی وابستگی رہی ہے جن میں قابل ذکر مسلم پرسنل لاء کمیٹی، نظام آباد، عید گاہ کمیٹی، مدرسہ دار لعلوم، مسجد کوثر علی انتظامی کمیٹی، ملا اشرف مسجد کمیٹی، شامل ہیں۔ ۱۸سال تک نظام آباد ہوٹل اسوسیشن کے جنرل سکریٹری رہنے کا بھی انہیں شرف حاصل ہے۔

قوم وملت کی خدمت کے جذبہ کے تحت، ۱۹۸۲ء میں عملی سیاست میں حصہ لیا اور تلگو دیشم پارٹی کی رکنیت حاصل کی۔ بعد ازاں ۱۹۹۵ تا ۲۰۰۵ء تک بحیثیت کونسلر بلدیہ، نظام آباد، بے مثال خدمات انجام دیں۔ ۲۰۰۵ء میں امریکہ منتقل ہوگئے۔ دیار غیر میں بھی یہ اردو کے چراغ جلائے ہوئے ہیں۔

وہ اردو کا مسافر ہے یہی پہچان ہے اس کی
جدھر سے بھی گزرتا ہے سلیقہ چھوڑ جاتا ہے

☆☆☆

مقیت فاروقی

منجھے ہوئے افسانہ نگار

ڈاکٹر محمد اسلم فاروقی

سر زمین تلنگانہ ضلع نظام آباد سے تعلق رکھنے والے ایک نوجوان اور منجھے ہوئے افسانہ نگار مقیت فاروقی ہیں۔ جو پیشے سے صحافی ہیں اور روزنامہ اعتماد حیدرآباد دکن کے لیے نظام آباد سے نامہ نگاری کے فرائض انجام دے رہے ہیں۔ مقیت فاروقی کا اصل نام محمد عبدالمقیت فاروقی اور عرف صابرؔ ہے۔ قلمی نام مقیت فاروقی کے نام سے صحافتی اور ادبی دنیا میں جانے جاتے ہیں۔ مقیت فاروقی ۲۹۔ جون ۱۹۶۴ء کو نظام آباد میں پیدا ہوئے ان کے والد محمد عبدالعزیز فاروقی مرحوم موظف سب رجسٹرار کے عہدے پر فائز رہے۔ نظام آباد میں ابتدائی تعلیم کے بعد مقیت فاروقی نے عثمانیہ یونیورسٹی سے ۱۹۸۷ء میں کامیاب کیا۔ انہوں نے شری گرو گوبند سنگھ کالج، ناندیڑ مہاراشٹر اسے ڈی سی اے کیا۔ ۱۹۸۹ تا ۱۹۹۲ , گورنمنٹ جونئر کالج بھینسہ میں جزوتی لیکچرر کے طور پر کام کیا۔ پھر وہ سعودی عرب روانہ ہوئے جہاں دلہ کمپنی مکہ مکرمہ میں بہ حیثیت سپروائزر، ۱۹۹۲ تا ۱۹۹۶ ملازم رہے۔ وطن واپسی کے بعد اردو صحافت سے اپنے آپ کو وابستہ کرلیا۔

۲۰۰۱ سے ۲۰۰۶ تک وہ ہمارا عوام اخبار کے اسٹاف رپورٹر نظام آباد رہے۔ یہ اخبار عارف الدین احمد مدینہ ایجوکیشن سنٹر حیدرآباد کی ادارت میں شائع ہوا کرتا تھا۔ بعد میں مقیت فاروقی روزنامہ اعتماد سے وابستہ ہوگئے اور ۲۰۰۶ تاحال اسی اخبار کے اسٹاف رپورٹر ضلع نظام آباد

ہیں۔ مقیت فاروقی کے مشاغل میں نامہ نگاری، مطالعہ، سیاسی سماجی ادبی تبصرے و تجزیے تحریر کرنا، ادبی سیاسی سرکاری سرگرمیوں میں حصہ لینا شامل ہیں۔ زمانہ طالب علمی سے ہی انہیں افسانہ نگاری کا شوق تھا۔ ان کا پہلا افسانہ "کاش ایسا ہوتا" ۔۱۹۸۷۔ خاتون مشرق دہلی میں شائع ہوا۔ ان کے افسانوں کا پہلا مجموعہ "احساس کی کرچیاں" کے عنوان سے ۲۰۰۰ءمیں شائع ہوا۔ اسی طرح ان کا دوسرا افسانوی مجموعہ "آسمان تماشائی" ۲۰۰۵ءمیں شائع ہوا۔ تلنگانہ کے افسانہ نگاروں کے افسانوں کے انتخاب پر مبنی کتاب ہر ذرہ ستارہ ہے (انتھالوجی) مرتبین :جناب رشید درانی؛ جناب یسین احمد حیدر آباد ۲۰۰۶ میں مقیت فاروقی کے دو افسانے معہ تعارف شامل ہیں۔ مقیت فاروقی کے افسانے ملک کے مختلف رسائل اور اخبارات بیسویں صدی دہلی؛ ماہنامہ پاکیزہ امن دہلی، قومی زبان حیدر آباد، خاتون مشرق دہلی، گلابی کرن دہلی۔ ماہنامہ روپ رس بلگام کرناٹک، پیام اردو حیدرآباد، خوشبو کا سفر حیدرآباد، گونج نظام آباد، روزنامہ اعتماد، روزنامہ منصف وغیرہ میں شائع ہوتے رہے۔ مقیت فاروقی کو ان کی صحافتی خدمات کے اعتراف کے طور پر حکومت تلنگانہ کے یوم تاسیس ۲۔ جون ۲۰۱۸ءکو ریاستی سطح کا بیسٹ اردو جرنلسٹ ایوارڈ دیا گیا۔

تلنگانہ کے افسانہ نگاروں کے انتخاب "ہر ذرہ ستارہ ہے" میں مقیت فاروقی کے دو افسانے گمشدہ راستے، اور پہچان" شامل کئے گئے ہیں۔ ان افسانوں کو پڑھنے سے مقیت فاروقی کی افسانہ نگاری کے فن پر مہارت کا پتہ چلتا ہے۔ افسانہ "گمشدہ راستے" میں مقیت فاروقی نے زندگی کو راہ پر ڈالنے کے لیے بیرون ملک ملازمت کرنے والوں کو ایک الگ زاویہ سے پیش کیا ہے۔ عام طور پر متوسط طبقے کے مسلمان مرد خلیجی ممالک جایا کرتے تھے تاکہ گھروں کی معاشی تنگی دور ہو اور خوشحال زندگی بسر ہو۔ لیکن تصویر کا دوسرا رخ یہ بھی ہے کہ کچھ شعبوں میں خواتین بھی بیرون ملک گئی ہیں تاکہ اپنے گھروں کی زندگی بہتر ہو۔ خاص طور سے تدریس اور پیشہ طب سے وابستہ خواتین کی خلیجی ممالک میں مانگ تھی۔ اسی موضوع کو اپنے افسانے "گمشدہ راستے" میں مقیت فاروقی نے فنکاری سے پیش کیا۔ افسانے میں کہانی یہ ہے کہ جنید نامی نوجوان

والدین کا سایہ سر سے اٹھ جانے کے بعد اپنے انکل اسرار صاحب کے زیر نگرانی پرورش پاتا ہے۔ محنت سے تعلیم حاصل کرنے کے بعد سرکاری ملازمت ملتی ہے۔ اسرار صاحب کے مشورے پر اس کا رشتہ فردوس نامی لڑکی سے طے ہوتا ہے جو پیشے سے نرس ہے۔ شادی کے بعد پتہ چلتا ہے کہ فردوس بیرون ملک ملازمہ ہے۔ اور وہ اپنے گھر کی بہتری کی خاطر بیرون ملک ملازمت کا سلسلہ شادی کے بعد بھی جاری رکھنا چاہتی ہے۔ جنید کے منع کرنے کے باوجود فردوس بیرون ملک جاتی ہے۔ سال میں ایک مرتبہ وہ کچھ دن کے لیے جنید کی زندگی میں خوشیاں بھرنے آتی ہے اور پھر اسے تنہا چھوڑ کر چلی جاتی ہے۔ ملازمت کی وجہ سے وہ اولاد کی نعمت سے محروم تھے۔ جنید کو گھر کی تنہائی کاٹ کھانے آتی ہے۔ کچھ سال یہی سلسلہ جاری رہتا ہے۔ پھر فردوس ہمیشہ کے لیے ملازمت چھوڑ کر اپنے وطن اپنے شوہر کے ساتھ رہنے آجاتی ہے۔ جنید بچوں کی آرزو لیے گھر کی دیوار پر خوبصورت بچوں کی تصاویر لٹکائے رکھتا ہے۔ فردوس جب وطن واپس آتی ہے تو دفتر جاتے ہوئے جنید فردوس سے دیوار پر لگی بچے کی تصویر صاف کرنے کے لیے کہتا ہے۔ ادھر فردوس کی طبعیت ناساز رہتی ہے وہ تصویر صاف کرنے کے دوران گر پڑتی ہے۔ اور تصویر کا فریم ٹوٹ کر بکھر جاتا ہے۔ اس اشارے کو افسانہ نگار مقیت فاروقی نے فنکاری سے افسانے میں استعمال کیا ہے۔ کہانی کا انجام ملاحظہ ہو:

"درد کتنے دنوں سے ہے"۔ "یہی کوئی تین چار ماہ سے"۔ کچھ لیا تھا؟ ہاں درد کی دوا لی تھی۔ میں ایک نرس ہوں۔ فردوس کمزوری محسوس کر رہی تھی۔ کتنی مرتبہ اسقاط کرواچکی ہو؟ تین دفعہ۔ وہ پریشان ہوگئی۔ بات کیا ہے ڈاکٹر؟ "دراصل مانع حمل گولیوں اور دواؤں سے تمہارے یوٹیرس کو نقصان پہنچا ہے۔ اور اب کافی دیر ہو چکی ہے۔ اس کا علاج صرف آپریشن ہے۔۔ یہ کیسے ممکن ہے۔۔ فردوس کی آنسو نکل پڑے۔ یہ کوئی بڑا آپریشن نہیں ہے۔ ڈاکٹر نے رپورٹ اس کی طرف بڑھادی۔ ڈاکٹر کیا پھر۔ بچہ۔ نہیں اب تم ماں نہیں بن سکتی۔ اس کا نکال دینا ضروری ہے۔۔۔ فردوس مرے مرے قدموں سے اپنے فلیٹ پہونچی۔ اس نے دوسرے دن آپریشن کے لیے ڈاکٹر سے وقت لے لیا تھا۔ جنید کبھی کا آفس سے آچکا تھا۔ اور اس

خوبصورت ننھے بچے کے حالی فریم اور گلاس کی کرچیوں کو دیکھ چکا تھا۔ صبح فردوس ہسپتال جانے کے لیے سامان پیک کر رہی تھی۔ ادھر جنید بھی تیار ہو رہا تھا۔ فردوس تیاری کے بعد اس سے مخاطب ہوئی۔ جنید کیا تم ہسپتال نہیں چل رہے ہو جنید نے ایک لمحہ بغور اسے دیکھا اور گویا ہوا۔ اب میرے راستے تمہارے راستوں سے جدا ہو چکے ہیں"۔

(ہر ذرہ ستارہ ہے۔ افسانہ۔ گمشدہ راستے۔ ص۔ ۳۱۰)

افسانے کے انجام سے مقیت فاروقی نے خواتین کی ملازمت وہ بھی بیرون ملک مسائل کو فنکاری سے اجاگر کیا ہے۔ اکثر مرد اپنے گھر کو سنبھالنے کے لیے قربانی دیتا ہے۔ یہاں جنید کے منع کرنے کے باوجود فردوس ضد کرتی ہے اور شادی کے بعد بیرون ملک ملازمت جاری رکھنے کو ترجیح دیتی ہے۔ وہ ماں بننے کے خوبصورت تجربے سے اپنے آپ کو محروم رکھتی ہے۔ جس کی سزا قدرت کی جانب سے اسے ملتی ہے اور جنید اس سے بے پرواہ ہو جاتا ہے۔ یہ افسانہ ہندوستانی متوسط گھرانوں کے اس مسئلے کو اجاگر کرتا ہے جس میں شادی کے بعد خواتین ملازمت کر کے اپنی گھریلو زندگی اور اپنی فطری زندگی کو خطرے میں ڈالتی ہیں۔ یہ افسانہ اس حقیقت کی جانب بھی اشارہ کرتا ہے کہ خدا نے مرد کو گھر کے باہر کام کرنے اور گھر کی ذمہ داریاں سنبھالنے کے لیے بنایا ہے تو عورت کو گھر کی ملکہ بنا کر اسے گھر چلانے کی ذمہ داری ہے اگر زندگی کے یہ دو پہیے فطرت کے مطابق کام نہ کریں تو زندگی کی گاڑی خوشیوں سے محروم ہو جائے گی۔

مقیت فاروقی کا افسانہ " پہچان " فرقہ وارانہ تشدد کو ایک نئے ڈھنگ سے پیش کرتا ہے۔ راجو نامی نوجوان خوابوں کی نگری بمبئی میں ملازمت کے سلسلے میں مقیم ہے۔ وہ مختلف علاقوں میں مختلف ناموں سے پہچانا جاتا ہے۔ کہیں وہ راجو ہے تو کہیں منا ہے۔ دوست کے سوال کرنے پر کہ اس کی پہچان تو راجو سے ہے کیوں وہ منا نام رکھ کر اپنی پہچان بھلا رہا ہے تب راجو کہتا ہے کہ یہ بمبئی ہے یہاں جینے کا ڈھنگ کچھ الگ ہی ہے۔ پہچان کے تعلق سے راجو اور اس کے دوست کی گفتگو ملاحظہ ہو:

" وہ سب ٹھیک ہے میرے یار۔ مگر تم ذرا سوچو تو اپنی شناخت کیوں کھونا چاہتے ہو۔ اتنے ناموں کے ساتھ تم کیسے اپنے وجود کو منواؤ گے۔ تمہاری اپنی شناخت ممبئی کی گلیوں میں کہیں گم ہو چکی ہے۔ مجھے یہ سب اچھا نہیں لگ رہا ہے۔ میری تو یہ خواہش ہے کہ تم اس شہر میں اپنے اصلی نام سے جانے جاؤ تمہارا اپنا نام تمہاری پہچان بن جائے۔ انسان کو اس کی مسرت کئی گنا زیادہ ہوتی ہے۔ شائد تمہیں میری بات ناگوار گزرے۔ لیکن یہ حقیقت ہے کہ انسان کی اپنی پہچان لسانی، مذہبی اور تہذیبی بنیادوں پر بننا ضروری ہے۔ وہ جس طبقے جس مذہب اور فرقے سے وابستہ ہوتا ہے اس کے اندر اپنے کلچر کی خصوصیات کسی نہ کسی حد تک محسوس کی جاتی ہے۔ یہ بھی ایک حقیقت ہے کہ دنیا کے جتنے عظیم مفکر، دانشور محققین ہیں ان کی پہچان اور شہرت ان کے ناموں سے وابسطہ ہے"۔

(مقیت فاروقی۔ افسانہ۔ پہچان۔ مشمولہ۔ ہر ذرہ ستارہ ہے۔ ص۔ ۳۱۴)

اس کا دوست کچھ کام سے بمبئی آتا ہے وہ راجو کے ساتھ رہتا ہے۔ ایک دن وہ اور راجو ٹیکسی میں سفر کرتے ہیں۔ کچھ دور جانے کے بعد ٹیکسی ڈرائیور کہتا ہے کہ وہ آگے نہیں جاسکتا یہاں دنگے چل رہے ہیں۔ دونوں ٹیکسی سے اتر جاتے ہیں تھوڑی دیر بعد کچھ بلوائی ان پر حملہ کر دیتے ہیں۔ راجو سے اس کا نام پوچھا جاتا ہے۔ راجو اپنا نام راجو بتاتا ہے۔ بلوائیوں میں سے ایک شخص اسے منا کے نام سے جانتا ہے۔ لیکن راجو کہتا ہے کہ وہ راجو ہے یہاں مذہب کے نام پر نام پوچھ کر خون خرابہ ہو رہا تھا راجو پریشان رہتا ہے کہ اس پر حملہ کرنے والے کون ہیں وہ راجو کے نام پر اصرار کرتا ہے تو بلوائی اسے ہندو سمجھ کر چاقو مار کر ہلاک کر دیتے ہیں۔ مرتے وقت پہچان کو لے کر راجو کی باتیں ملاحظہ ہوں:

" یہ، یہ سب کیا ہو گیا میرے دوست۔ میں تمہیں ہسپتال لے چلتا ہوں تم گھبرانا نہیں"۔ "نا۔ راجو کے منہ سے الفاظ انتہائی کرب اور ٹوٹتے ہوئے ادا ہو رہے تھے۔" اب اس کی ضرورت نہیں۔ اپُن کا آخری وقت آ چکا ہے۔ لیکن یار۔ اپُن نے اپنا نام صحیح بتایا ہے۔ اب اپُن کی پہچان ختم نہیں ہوتی نا"۔ وہ میرے ہاتھ کو مضبوطی سے تھامے کہتا رہا اور میرا جسم برف کی طرح

سرد ہوتا جارہا تھا۔ میں رو رہا تھا اور سوچ رہا تھا کہ فرقہ وارانہ فسادات نے انسانوں سے انسانیت چھین لی ہے"۔

(مقیت فاروقی۔ افسانہ۔ پہچان۔ مشمولہ۔ ہر ذرہ ستارہ ہے۔ ص۔ ۳۱۴)

مقیت فاروقی نے اس افسانے میں انسان کی پہچان کو بڑی فنکاری سے پیش کیا ہے۔ ہم سب اس دنیا میں اپنی شناخت اپنی پہچان کے ساتھ زندگی گزارتے ہیں لیکن بمبئی جیسی نگری میں ایک سے زیادہ پہچان بھی انسان کے لیے ضروری ہے اور جرائم کی دنیا میں یہی ہوتا ہے کہ مجرم کا نام کچھ ہوتا ہے اور اس کی شناخت کچھ۔ فرقہ وارانہ فسادات میں نام پوچھ کر قتل کرنا بھی انسانیت کے لیے ایک بدنما داغ ہے۔ بنانے والے نے سب کو ایک جیسا بنایا سب کا خون ایک ہے وطن ایک ہے تو پھر مذہب کے نام پر تفریق کیوں۔ مقیت فاروقی کا یہ افسانہ فرقہ واریت کو اجاگر کرنے کی جانب ایک اچھی پہل ہے۔

جیسا کہ کہا گیا کہ مقیت فاروقی کے افسانے سرکردہ ادبی رسائل میں شائع ہوتے رہے۔ ۱۹۹۰ء کی دہائی میں اردو افسانے کے فروغ میں رسالہ بیسویں صدی کافی مقبول تھا۔ برصغیر اور دنیا بھر کے افسانہ نگاروں کی تخلیقات شائع ہوتی رہی ہیں۔ بیسویں صدی کا سالنامہ افسانہ نمبر کے نام سے شائع ہوتا تھا۔ ۲۰۰۲ء کے افسانہ نمبر میں مقیت فاروقی کا افسانہ باد سموم شائع ہوا۔ رسالے کے مدیر رحمٰن نیر کے نام مکتوب میں مقیت فاروقی شہر نظام آباد کی ادبی فضاء کے بارے میں لکھتے ہیں:

مکرمی جناب رحمٰن نیر صاحب السلام علیکم۔۔ بزرگوں سے سنا ہے کہ آپ بیس پچیس سال قبل ایک مشہور بیڑی کمپنی کی اشتہاری فلم بنانے کے سلسلے میں شہر نظام آباد تشریف لائے تھے۔ اب وہ لوگ تو نہیں رہے البتہ نظام آباد میں ادبی محفلوں کا انعقاد وقفہ وقفہ سے عمل میں آتا رہتا ہے۔ جس میں ملک کے نامور شعرا ادبا شرکت کرتے رہتے ہیں۔ نوجوان نسل زرخیز ہے۔ ان شاءاللہ کسی محفل میں شرکت کے لیے آپ کو زحمت دی جائے گی۔ آپ کا مخلص۔ مقیت فاروقی"

(مقیت فاروقی۔ بیسیوں صدی افسانہ نمبر۔ ستمبر۔ ۲۰۰۲ء ص۔۸۱)

افسانہ ب" باد سموم" ایک سماجی افسانہ ہے۔ جس میں جہیز کے نام زبیدہ نامی لڑکی کو مار دیئے جانے اور اس کے بعد اس کی بہن اسماء کے شادی سے انکار کے نفسیاتی پہلو کو اجاگر کیا گیا ہے۔ زبیدہ کے سسرالی لالچی تھے۔ مزید جہیز کی مانگ پوری نہ ہونے پر زبیدہ کو مار دیا جاتا ہے۔ اس واقعہ کا اثر زبیدہ کی بہن اسماء پر بہت گہرا ہوتا ہے اور وہ کئی سال تک شادی سے انکار کرتی رہی۔ لیکن زمانے کے مزاج کے مطابق اسے شادی کے لیے راضی کیا جاتا ہے۔ اس ضمن میں افسانہ نگار سماج کے خیالات کو یوں بیان کرتا ہے۔

"بیٹی! تمام عمر تو ہم تمہیں اپنے پاس بٹھا کر نہیں رکھ سکتے۔ یہ جو سماج کے اصول ہیں ۔ بھلا ہم ان سے کیسے منہ موڑ سکتے ہیں۔ ہم تمہاری محبت میں چپ ہو بھی جائیں لیکن سماج کی انگلیوں کو کیسے روکا جاسکتا ہے۔ حقیقت سے واقفیت کے باوجود لوگ ہمیں ہی بدنام کریں گے۔ کبھی نہ کبھی تو تمہارا بیاہ رچانا ہی ہے۔ لیکن اس بار ہم کوئی فیصلہ جلد بازی میں نہیں کریں گے۔ ہر طرح سے مطمئن ہونے کے بعد ہی کسی نتیجے پر پہنچیں گے۔ ذکیہ بیگم نے تفصیل سے سمجھایا تو اس نے خاموشی اختیار کرلی"۔

افسانے میں تجسس کا موڑ اس وقت آتا ہے جب اسماء کی شادی جاوید نامی نوجوان سے ایک سنجیدہ گھرانے میں ہو جاتی ہے۔ جب جہیز کا سامان اتارا جاتا ہے۔ اس وقت کا منظر ملاحظہ ہو:

"اسماء کو کمرے میں پہونچایا گیا۔ ملازم ٹرک سے جہیز کا سامان اتار کر مکان میں لانے لگے۔ زیبا خاتون اور اصغر کی نظریں حیرت میں ڈوبی ہوئی تھیں۔ اسی دوران ایک ملازمہ نے ایک اٹیچی اسماء کے سپرد کی۔ زیبا خاتون نے اسماء سے سوال کیا۔ اس میں کیا ہے دلہن۔ اصغر صاحب بھی وہیں کھڑے ہوئے تھے۔ اسماء نے کوئی جواب نہیں دیا۔ دوبارہ استفسار پر آہستگی سے اٹھ کر اٹیچی کھول دی۔ یہ۔۔ یہ کیا ہے۔۔ ساس اور سسر نے حیرانی سے اسماء سے پوچھا ان کے چہروں پر ہوائیاں اُڑ رہی تھیں۔ اس اٹیچی میں مٹی کے تیل کا ڈبہ اور دیا سلائی رکھی ہوئی تھی۔ کچھ دیر اسماء خاموش انہیں دیکھتی رہی۔ اور پھر بڑے ہی نرم لہجے مین اپنے لب کھولے۔"

یہ وہ حد ہے کہ آپ حضرات کو جہیز میں کمی محسوس ہو تو یہ بھی آپ کے کام آسکے"۔

(مقیت فاروقی۔ افسانہ باد سموم۔ بیسویں صدی۔ ستمبر ۲۰۰۲ افسانہ نمبر ص۔۸۳)

اس طرح افسانہ نگار نے جہیز کی لعنت کو ایک انوکھے طریقے سے پیش کرنے کی کوشش کی۔ "اسماء کے ساس سسر حیرت سے یہ سب دیکھتے رہے اور انہوں نے کہا کہ ایسا کچھ نہیں ہو گا بیٹی۔ میں بھی برسوں قبل اس گھر میں بیاہ کر آئی تھی۔ اور آج بھی زندہ ہوں تم یہ سامان اپنے گھر بھیج دو اور خوش رہو" افسانے کے اس مثبت انجام سے مقیت فاروقی نے اپنے افسانے کو اصلاحی رنگ دیا ہے۔ جہیز میں خود کو جلانے کا سامان لانا لڑکی کی ہمت اور اس کی نفسیاتی کشمکش کو ظاہر کرتا ہے۔ متوسط طبقے کے مسلم سماج میں جہیز کے نام پر لڑکیوں کو جلانا اور ان پر مظالم عام ہیں اس جانب یہ افسانہ ایک چوٹ کرتا ہے۔ مجموعی طور پر مقیت فاروقی کے افسانے سماجی اصلاح کے حامل ہوتے ہیں۔ انہون نے ایک فنکار کی طرح اپنے عہد کے سماجی مسائل پر گہری نگاہ ڈالی۔ اور انہیں افسانے کے روپ میں فنکاری سے پیش کرتے ہوئے مسائل کی عکاسی اور ان کے حل کی کوشش کی۔

مقیت فاروقی نے افسانے کی تکنیک کو بہ خوبی برتا ہے مکالموں، تجسس اور کردار نگاری کے اچھی مثالیں ان کے افسانوں میں ملتی ہیں۔ مقیت فاروقی مجموعی طور پر اب صحافت سے جڑ گئے ہیں اگر وہ افسانہ نگاری کا سلسلہ جاری رکھیں تو نظام آباد اور تلنگانہ ہی نہیں بلکہ وہ اردو کے ایک اچھے افسانہ نگار ثابت ہوسکتے ہیں۔

☆☆☆

جمیل احمد خان

ممتاز صحافی

مجید عارف

"رہنمائے دکن "حیدرآباد، تلنگانہ، سے شائع ہونے والا قدیم اردو روزنامہ ہے۔ اس اخبار کی تاسیس ۱۹۲۱ء میں ہوئی تھی۔ اس کے بانی جناب سید لطیف الدین قادری مرحوم ہیں۔ ابتداء میں یہ اخبار "رہبر دکن" کے نام سے شائع ہوتا تھا۔ رہنمائے دکن کی خدمات بلاشبہ غیر معمولی اور مثالی ہے جناب سید وقارالدین ایڈیٹر روزنامہ رہنمائے دکن و چیرمین انڈو عرب لیگ کے مطابق اردو دنیا کے اس قدیم ترین اخبار کی گولڈن جوبلی تقاریب کے شاندار پیمانے پر انعقاد کے لئے وسیع پیمانے پر تیاریاں کی جارہی ہیں۔ اس خصوص میں دفتر رہنمائے دکن کی تزئین و آرائش کا آغاز ہو چکا ہے۔ رہنمائے دکن کے موجودہ مدیر سید وقار الدین انڈو عرب لیگ کے صدر نشین اور عرب دنیا کے پر جوش اور بے باک حامی ہیں۔ جس کا انہوں نے اپنے اخبار کے ذریعہ اظہار بھی کیا ہے۔ انہوں نے ریاستہائے متحدہ امریکا، اور اتحادی فوجوں کی جانب سے عراق پر بمباری کی مخالفت بھی کی تھی۔ انہوں نے اپنے اخبار اور انڈو عرب لیگ کے ذریعے سب سے زیادہ فلسطین کی آزادی اور اسرائیل کی جارحیت پر شدید غم و غصہ کا اظہار بھی کیا تھا۔ وہ ملک بھر میں ایسے جلسے منعقد کرتے رہے ہیں جن میں کئی سیاست دانوں نے خطاب کیا۔ عرب لیگ اور رہنمائے دکن کی دعوت پر ۱۹۹۰ء میں یاسر عرفات مرحوم حیدرآباد کے دورے پر آئے تھے۔ ایک عظیم الشان جلسہ کی بھی انہوں نے صدارت کی تھی، اس موقع پر یاسر

عرفات نے سید وقار الدین کی بہن کی عطیہ کردہ زمین ایک مسجد کی بنیاد بھی رکھی تھی۔

رہنمائے دکن اور انڈو عرب لیگ کے ذریعے اخبار کے مدیر سید وقار الدین عرب اور فلسطینی مسائل پر آواز اٹھاتے رہے ہیں۔ اس کی وجہ سے وہ پہلے ہندوستانی ہیں جنہیں ۲۰۱۵ء میں ستارۂ یروشلم اعزاز سے نوازا گیا ہے جو فلسطین کا سب سے اعلیٰ شہری اعزاز ہے۔ یہ اعزاز انہیں فلسطین کے صدر محمود عباس کے خصوصی مشیر اور سپریم جج محمود صدقی الحباش نے اپنے ہاتھوں سے عطا کیا تھا۔ اس طرح سے ۱۹۶۹ء، ۱۹۷۲ء میں رہنمائے دکن نے علیحدہ تلنگانہ تحریک کی بھی بھرپور تائید کی تھی۔

ضلع نظام آباد جو حیدرآباد کے بعد ادبی سماجی و تہذیبی سرگرمیوں کا محور ہے۔ روزِ اول سے ہی "رہنمائے دکن" یہاں کے قارئین کا محبوب اخبار رہا ہے۔ اس اخبار کے بانی سید لطیف الدین قادری مرحوم کی رحلت کے بعد ان کی ملی و قومی خدمات کو خراجِ عقیدت پیش کرنے کی غرض سے اہلیانِ نظام آباد نے ایک محلہ کو ان کے نام سے موسوم کرتے ہوئے "لطیف بازار" کا نام دیا ہے۔ جناب تبسم فریدی، جناب اختر امتیاز، جیسے مقتدر صحافی اس اخبار سے وابستہ رہ چکے ہیں۔ جمیل احمد خان بھی ایک عرصہ تک نظام آباد ضلع کے نمائندہ کی حیثیت سے اپنی خدمات انجام دے چکے ہیں۔ وہ اب بھی رہنمائے دکن سے وابستہ ہیں، ان دنوں وہ حیدرآباد میں مقیم ہیں اور جناب وقار الدین صاحب کے بااعتماد رفقاء میں شمار کئے جاتے ہیں۔

جمیل احمد خان فرزند جناب محمد ابراہیم خان مرحوم کو صحافت کا شوق زمانہ طالب علمی سے رہا ہے۔ انہوں نے گورنمنٹ پالی ٹکنک، نظام آباد سے ڈرافٹ مین سیول میں ڈپلوما حاصل کیا۔ جمیل احمد خان نے کئی سیاسی، مذہبی، سماجی، قائدین کے علاوہ زندگی کی ہر شعبہ حیات سے تعلق رکھنے والے نامور افراد سے انٹرویوز کئے ہیں۔ علاوہ ازیں فلمی ستاروں اور انڈرورلڈ کی دنیا کی معروف ہستیوں سے ملاقات کرتے ہوئے ان کے خیالات قارئین کو پہنچانے کا فریضہ بھی بخوبی انجام دیا ہے۔ صحافتی کاموں کے سلسلہ میں وہ زیادہ تر وقت دہلی میں گزارتے ہیں۔

جمیل احمد خان کے مضامین ملک کے مقتدر اخبارات و رسائل بشمول نئی دنیا، اخبار نو، بلٹز، راشٹر یہ سہارا میں شائع ہو چکے ہیں۔ نئی دھلی میں حکومت ہند کی جانب سے طلب کردہ آل انڈیا ایڈیٹرس کانفرس میں روزنامہ رہنمائے دکن کی نمائندگی کر چکے ہیں۔ اس کے علاوہ انہوں نے دبئی، اردن، فلسطین میں منعقدہ بین الاقوامی کانفرنسوں میں بھی شرکت کی ہے۔

امام کعبہ فضیلت الشیخ عبد الرحمن السدیس سے بھی ملاقات کا انہیں شرف حاصل رہا ہے۔

لائنس کلب، نظام آباد کی جانب سے ۱۹۹۵ء میں ضلع کے بہترین صحافی کے ایوارڈ سے نوازا گیا۔

جمیل احمد خان کے فرزند محمد عبد اللہ خان بھی پیشہ صحافت سے وابستہ ہیں۔ عبد اللہ خان نے عثمانیہ یونیورسٹی سے بی اے (ماس کمیونیکیش آف جرنلزم) کی ڈگری حاصل کی۔ اور حیدرآباد سے انگریزی روزنامہ دی فریڈم پریس THE FREEDOM PRESS بڑی ہی عمدگی کے ساتھ شائع کر رہے ہیں۔

جمیل احمد خان این جی او آرگنائزیشن جو ہند عرب ممالک کے تعلقات کو فروغ دینے کی ۵۰ سالہ تنظیم انڈو عرب لیگ کے ایگزیکیٹو ممبر بھی ہیں۔

☆☆☆

ڈاکٹر محمد عبدالعزیز سہیل

"رونق ادب" کے آئینے میں

واحد نظام آبادی

تلنگانہ کے اضلاع میں ایک اہم ضلع شہر نظام آباد بھی ہے جس کی بنیاد ۱۹۰۵ء میں عمل میں آئی۔ شہر نظام آباد کو تلنگانہ کے دیگر اضلاع کے مقابلہ میں خصوصی طور پر انفرادیت حاصل ہے اس لئے کہ ابتداء ہی سے اس علاقہ کو شاہانہ سرپرستی حاصل رہی ہے۔

شہر نظام آباد میں موجود مختلف ساگر اور نظام شوگر فیاکٹری وغیرہ یادگارِ زمانہ مقامات اس کی ترقی کا باعث بنے اسی طرح شہرِ نظام آباد اردو شعر وادب کے اعتبار سے بھی کافی زرخیز ثابت ہوا ہے بالخصوص آزادی کے بعد سے حیدرآباد کے شاعر و صحافی عبدالمغنی صدیقی کی آمد کے بعد سے وہاں چراغ سے چراغ جلے اور شعر وادب کی روشنی بڑھتی چلی گئی۔ سرزمین نظام آباد اور شعر وادب کی ترقی وترویج کے سلسلہ میں شاداب ہونے کا ایک ثبوت یہ بھی ہے کہ مقامی سطح پر یہاں تقریباً ۱۰ اردو اخبارات نکلتے ہیں اور ایک انگریزی اخبار شائع ہوتا ہے جس میں شہر نظام آباد سے متعلق مختلف خبریں اور اطلاعات ہوتی ہیں جن سے لوگ استفادہ کرتے اور واقفیت حاصل کرتے ہیں۔ یہاں اُردو شعراء وادباء کی ایک قابل قدر کثیر تعداد بھی اپنے اپنے لحاظ سے شعر وادب کی خدمات انجام دے رہی ہے، اس میں نوجوان شعراء وادباء کا بھی اہم کردار رہا ہے بطور خاص دو تین دہائیوں سے اس خاک سے اٹھے نوجوان ادیب و شاعر ادبی دنیا میں اپنی شناخت بنا رہے ہیں اور اہل ادب کو اپنی طرف متوجہ کر رہے ہیں ان میں ڈاکٹر محمد عبدالعزیز

سہیل ؔ کا نام نامی بھی اہمیت کا حامل ہے۔ ادبی حلقوں کے لئے بلاشبہ ڈاکٹر موصوف کا نام محتاج تعارف نہیں ہے اس لئے کہ آئے دن ان کے مختلف مضامین مختلف اخبارات و رسائل کی زینت بنتے رہتے ہیں اور وہ مختلف سمیناروں میں اپنے تحریر کردہ مقالے پڑھ کر اپنے وجود کا احساس دلاتے رہتے ہیں اور سوشل میڈیا کے مختلف پلیٹ فارمس پر بھی اپنی مختلف ادبی سرگرمیوں کا مظاہرہ کرتے رہتے ہیں۔ یہی وجہ ہے کہ گزشتہ چند برسوں کے مختصر عرصہ میں ان کی چھ کتابیں شائع ہو کر داد و تحسین کی مستحق قرار پائی ہیں جن میں سے چند کتابیں تو خصوصی طور پر تحقیقی مواد پر مشتمل ہیں۔ یہ سب دراصل ڈاکٹر محمد عبدالعزیز سہیل کا اردو زبان و ادب سے جنون ہے جس کی بدولت ان کے یہ ادبی کام منظر عام پر آ رہے ہیں۔ ورنہ خونِ جگر کے بغیر عشق ناتمام اور نغمہ سودائے خام قرار پاتا ہے۔

"رونق ادب" ڈاکٹر عزیز سہیل کے تحریر کردہ مختلف رپورتاژ کا مجموعہ ہے اور یہ ان کی ساتویں کتاب ہے۔ رپورتاژ نگاری دراصل غیر افسانوی ادب کی ایک ایسی صنف ہے کہ جس میں قلم کار اپنے مخصوص اسلوب اور طرز تحریر کے ذریعہ زمانہ ماضی میں پیش آمدہ واقعات یا کسی ادبی اجلاس وغیرہ کے حالات وجزئیات کی خوبصورت منظر کشی کرتا ہے اور یہ صنف بلاشبہ ترقی پسند تحریک کی سرگرمیوں کی بدولت اردو ادب میں آئی ہے۔ اس میں کوئی شک نہیں کہ رپورتاژ نگاری ایک اہم صنفِ ادب کا درجہ حاصل کر چکی ہے لیکن بعض دیگر اصناف کی طرح ابھی اس میں بحث ومباحثہ کی گنجائش موجود ہے، یہ اور بات ہے کہ اصنافِ ادب کے تحت محققین اور ادباء نے اس صنفِ ادب سے متعلق بہت سے باتیں لکھی ہیں جن میں واقعہ نگاری، منظر نگاری، کردار نگاری، جذبات نگاری اور جزئیات نگاری کو ملحوظ رکھا جاتا ہے۔ اس سلسلہ میں اہم بات یہ ہے کہ قلم کار کا اسلوب اس میں غیر معمولی دخل رکھتا ہے اور ظاہر ہے کہ اسلوب ہی قلم کار کی مخصوص شناخت کا ضامن ہوتا ہے، اس طرح منظر نگاری یا منظر کشی بھی رپورتاژ نگاری میں نہایت اہمیت کی حامل ہوتی ہے، جس کی وجہ سے وہ شخص جو اس محفل، سمینار یا بزم واجلاس

وغیرہ میں شریک نہ ہو اس کے سامنے پورا نقشہ آجاتا ہے اور پوری صورت حال اسے سمجھ میں آجاتی ہے۔ اس میں جزئیات نگاری کے ذریعہ بھی غیر معمولی لطف پیدا کیا جاسکتا ہے مگر شرط یہ ہے کہ قلم کار یا رپورتاژ نگار اپنے مقصد سے ہٹنے نہ پائے۔ غرض اس کتاب میں شامل ابتدائی دو مقالے نہایت تحقیقی ہیں جو یقیناً لائق مطالعہ ہیں اور رپورتاژ نگاری کے آغاز وارتقاء اور فروغ سے متعلق کافی معلوماتی ہیں۔ ان کے علاوہ باقی ۲۴ رپورتاژ اس مجموعہ میں شامل ہیں جن میں ڈاکٹر عزیز سہیل نے رپورتاژ نگاری کی خصوصیات کو ملحوظ رکھا ہے۔ ممکن ہے بعض کو رباطن اس کی اہمیت سے غافل ہوں مگر آئندہ زمانے میں جب کوئی مورخ یا محقق ادبی تاریخ اور شعر وادب کی صورتِ حال پر تحقیق کرے گا تو وہ اس مجموعہ میں بہت کچھ پائے گا۔ غرض ڈاکٹر عزیز سہیل نے اُردو کے اس ناساز گار دور میں رپوتاژ جیسی افسانوی صنفِ ادب پر تحقیق کی اور اس کے عمدہ نمونوں کو زیر نظر مجموعہ میں شامل کیا ہے جو قابل قدر بات ہے۔

عصر حاضر میں شعری مجموعے حشرات الارض کی طرح منظر عام پر آرہے ہیں مگر معیاری، تحقیقی اور اہم کتابیں خال خال ہی شائع ہو رہی ہیں۔ اسی طرح رپورتاژ نگاری کی طرف بھی قلم کاروں کی توجہ کم کم ہی رہی ہے۔ اس صنفِ ادب میں اور اضافہ چاہئے۔ ایسے ناساز گار اور ناموافق حالات میں ان شاء اللہ ڈاکٹر عزیز سہیل کی یہ "رونق ادب" یقیناً رونق ادب کا باعث ہوگی۔ میں اس خوبصورت، مختصر مگر اہم اور جامع رپورتاژ کے مجموعہ کی اشاعت پر ان کی خدمت میں ہدیہ تبریک پیش کرتا ہوں اور امید کرتا ہوں کہ وہ اسی طرح اپنی ادبی سرگرمیوں کو جاری رکھیں گے اور اپنے ادبی شہ پاروں کی بدولت دنیائے ادب میں خوب ناموری حاصل کریں گے۔ مجھے امید ہے بلکہ یقین ہے کہ اہل ادب اس مجموعہ کا کھلے دل سے استقبال کریں گے۔

ڈاکٹر عزیز سہیل کی دیگر تصنیفات:

۱۔ ادبی نگینے (ادبی تنقیدی و معلوماتی مضامین) ۲۰۱۴ء

۲۔ ڈاکٹر شیلا راج تاریخی و ادبی خدمات ۲۰۱۴ء

۳۔ سماجی علوم کی اہمیت، مسائل اور امکانات ۲۰۱۵ء

۴۔ میزانِ نو (ادبی تبصرے و تنقیدی جائزے) ۲۰۱۵ء

۵۔ مولوی عبد الغفار حیات و خدمات ۲۰۱۶ء

۶۔ دیارِ ادب (ادبی تنقیدی و معلوماتی مضامین) ۲۰۱۶ء

۷۔ رونقِ ادب (ادبی اجلاسوں کی رپورتاژ) ۲۰۱۷ء

۸۔ فکرِ نو (ادبی تبصرے و تنقیدی جائزے) ۲۰۱۷ء

۹۔ مضامین ڈاکٹر شیلا راج ۲۰۱۸ء

۱۰۔ نظم و نسق عامہ میں ابھرتے رجحانات ۲۰۱۹ء

زیرِ طبع: سفینہ ادب (ادبی تنقیدی و معلوماتی مضامین)

☆☆☆

مجید عارف نظام آبادی

کی اگلی تصنیف

لفظوں کی خوشبو

(منتخب افسانوں کا مجموعہ)

جلد منظر عام پر آرہی ہے

مجید عارف نظام آبادی، شہر نظام آباد کے معروف جواں سال قلمکار ہیں۔ ویب سائٹ "مائی نظام آباد [www.mynizamabad.com]" کے بانی اور سی۔ای۔او ہیں اور ان دنوں بسلسلۂ ملازمت سعودی عرب میں مقیم ہیں۔

مجید عارف، نظام آباد کی ادبی سرگرمیوں سے وابستہ رہے ہیں۔ علامہ اقبال لائبریری (قلعہ) کے بانی ہیں۔ مختلف تحریری مقابلہ میں انعامات حاصل کر چکے ہیں۔ روزنامہ " منصف" کے نظام آباد سے پہلے کالم نگار ہونے کا انہیں اعزاز حاصل ہے۔ "خرافات قلم" کے نام سے مزاحیہ مضامین کا ایک مجموعہ منظر عام پر آ چکا ہے۔ معروف کتابیں "اصلاح معاشرہ و ازالہ منکرات" اور "دینی و اخلاقی قاعدہ" کے مولف ہیں۔ ان کتابوں کا انگریزی، تلگو، ہندی زبانوں میں ترجمہ بھی ہو چکا ہے۔ جہیز کے موضوع پر تحریری مقابلہ میں ان کے ایک مضمون کو گورنر آندھرا پردیش نے ایوارڈ سے نوازا ہے۔

جمیل نظام آبادی :

ادارہ "گونج" (نظام آباد)